외래어 대신

쉬운 우리말로!

외래어 대신 쉬운 우리말로!

쉬운 말은 소통을 쉽게 만드는
배려와 존중의 말

서현정 지음

마리 인문

마리북스

작가의 말

"할머니, 대두의 파종 시기와 발아 시기가 언제인가요?"

"대두? 콩 말인가? 그런데 파종이 무슨 말이야?"

"씨 뿌리는 거요."

"그리고 또 뭘 물어봤지?"

"발아 시기요, 싹이 언제 트는지요."

"콩을 언제 심느냐, 그리고 싹은 언제 나오느냐는 거지? 그런데 왜 그렇게 말을 쓸데없이 어렵게 하나?"

우리가 말을 할 때 듣는 사람을 배려하지 않고 어려운 말을 무심코 할 때가 많습니다. "왜 그렇게 말을 '쓸데없이' 어렵게 하나?"라는 할머니의 반문이 이 대화의 핵심입니다.

한동안 인터넷에서 '보그 병신체'라는 웃지 못할 표현이 화제가 된 적이 있습니다. 이를테면 "아티스틱한 감성과 꾸뛰르적인 디테일로 엘레강스함과 럭셔리함을 더한 룩을 추천한다" 같은 표현입니다. 흔히 옷 광고에서 볼 수 있는 표현인데 조사를 지우면 알 수 없는 외국어만 어지럽게 남습니다. 다소 극단적인 사례라고 웃어넘길 수도 있지만, 일상 언어생활에서도 이러한 표현을 쉽게 찾아볼 수 있어 한 번쯤 생각해 볼 필요가 있다고 생각합니다.

외래어 대신 우리말을 쓰자고 하면 때로 '언어 순수주의' 또는 '언어 국수주의'라는 비난을 받기도 합니다. 새로운 문물이 들어오면 그것을 나타내는 새로운 말이 생기기 마련인데, 우리말을 사용하라고 강요하는 것은 시대의 변화를 인정하지 않는 폐쇄적인 태도라고 말합니다. 그러나 새로운 개념이나 문물이라고 해서 뜻을 알 수 없는 외국어를 그대로 사용하고 부른다면 문제가 됩니다. 그 뜻도 제대로 모르는 어려운 외국어는 일부 전문가들만 이해하는 용어가 많으며, 결국 많은 사람을 정보에서 소외시키거나 소통하기 어렵게 만들 수 있기 때문입니다.

이 책은 덮어놓고 우리말을 써야 한다고 주장하려는 것이 아닙니다. 소통을 쉽게 하고 다른 사람을 배려하는 말을 사용하고 있는가를 돌아보고, 불필요한 어려운 말 대신 누구나 뜻을 금방 알 수 있는 쉬운 말을 사용하자는 제안을 담은 책입니다. 쉽게 소통할 수 있는 언어를 사용하려면 다른 이들을 배려하고 존중하는 마음이 우선되어야 합니다. 그런 의미에서 쉬운 말은 소통을 쉽게 만드는 배려와 존중의 말이라고 할 수 있습니다.

최근 공공 기관에서는 어려운 외래어 대신 쉬운 우리말을 사용하려는 노력을 하고 있고, 그 성과도 나타나고 있습니다. 공공의 목적으로 사용되는 언어는 국어기본법(2005년에 제정된 국어기본법 제14조 '공공 기관 등은 공문서를 일반 국민이 알기 쉬운 용어와 문장으로 써야 하며, 어문규범에 맞추어 한글로 작성하여야 한다')에 따라 전 국민이 알기 쉬운 말을 써야 합니다. 국립국어원을 비롯한 여러 전문 기관에서 외래어 대신 사용할 수 있는 다듬은 우리말을 만들고 있습니다(부록에서 자세히 소개).

애써 만든 좋은 우리말들이 공공언어로 박제되지 않도록 일상생활에서도 더욱 많이 사용해야 합니다. 사람과 사람 사이의 강을 건너는 소통이 어려운 말 때문에 가로막히는 일은 없어야 합니다.

2023년 7월

서현정

차례

나·메타버스·무빙워크·미니멀 라이프·미디어 리터러시·밀키트·바우처·바이럴 광고·바인더·박스 오피스·발레파킹·방카쉬랑스·배리어 프리·백패킹·번아웃 증후군·벌크 업·베네핏·벤치 클리어링·보이스 피싱·뷰파인더·브런치·브이로그·브이알·블라인드 채용·블라인드 티켓·블랙 아이스·블랙 컨슈머·블렌디드 러닝·비건·비건 베지테리언·빅 텐트·선루프·선팅·셀럽·소프트 스킬·소프트 파워·솔메이트·쇼룸·슈퍼위크·스마트 셸터·스마트 워크·스마트 팜·스모킹 건·스카이라운지·스쿨 존·스크린 도어·스타트업·스토리보드·스티어링 휠·스파이웨어·스팸 메일·스포일러·스피어 피싱·슬로푸드·싱크홀·아웃도어·아이오티·아카이브·아킬레스건·애니멀 호더·애슬레저·언박싱·언택트·얼리어답터·업사이클링·에이알·에이아이·에코티어링·엑셀러레이터·엘리베이터 피치·엠오유·예스 펫·오픈 런·오픈 액세스·워라밸·워크 셰어링·워킹 스루·웜업·웨비나·인센티브·인저리 타임·정크 푸드·제네릭·제로 웨이스트 운동·체크리스트·치팅 데이·카 셰어링·캐스팅 보트·커미션·코드 인사·코스터·코워킹·코호트 격리·콘택트 포인트·콜드 게임·콤팩트 시티·쿠키·쿠키 영상·크리에이터·클로징 멘트·키스 앤드 라이드·키오스크·키포인트·킬러 앱·태그·턴키 발주·테이저 건·테트라포드·텐션·투 머치 토커·티에프 팀·티엠아이·파워 블로거·파이어 월·파일럿 프로그램·팝업 창·패밀리 사이트·패스트 트랙·패트롤·팬데믹·퍼실리테이터·펫티켓·펫 로스 증후군·포모 증후군·포스팅·포트 홀·푸드 리퍼브·풀오버·프로파일링·플라스틱 어택·플래터·플랫폼 노동·플레이팅·플렉스·플로깅·핀테크·필리버스터·하드 스킬·하드 파워·하이브리드·하이엔드·해피 콜·핸드레일·핸드메이드·핸디 캡·행거·홈 루덴스·홈 트레이닝·홈페이지

이 책을 읽기 전에

이 책의 다듬은 우리말은 다음을 기준으로 작성했습니다. 책을 보면서 기준이 무엇인지 궁금하다면 아래 내용을 참고해 주세요.

[외래어/외국어]

- 뜻풀이는 기본적으로 국립국어원의 표준국어대사전을 참고했으며, 표준국어대사전에 등재되지 않은 말은 국립국어원의 우리말샘 사전이나 관련 자료들을 찾아 재구성했습니다.
- 대상어와 대안어는 국립국어원 '우리말 다듬기' 자료와 지

자체 순화어 목록, 국어문화원 순화어 목록 등을 참고했습니다. 그중 대상어는 주요 언론과 누리소통망SNS 등에서 최근 3년 이내에 자주 사용된 용어를 중심으로 선정했으며, 순화어 목록에 없는 대상어라도 텔레비전 프로그램이나 언론 보도에서 자주 사용되는 말도 일부 포함했습니다.

◆ 기존 자료에서 제시한 다듬은 말이 적절하지 않다고 판단된 용어는 다른 대안어를 제시했습니다.

[일본어/한자어]

◆ 대상어는 일상에서 사용되는 일본어, 일본식 한자어, 어려운 한자어 등으로 인터넷 포털에서 검색해 실제로 쓰이는 말들로 선정했습니다.

◆ 전문 용어도 언론 보도 등에서 사용되는 말들은 대상어에 포함했습니다. 다만, 모든 전문 분야를 아우르기에는 한계가 있어 금융, 법령, 의·약학, 농업 등으로 한정했습니다.

◆ 참고한 자료는 아래와 같습니다.

_ 국립국어원, 〈다듬은 말〉 목록

_ 국어문화원연합회, 〈쉬운 우리말 사전〉

_ 오마이뉴스·세종국어문화원, 〈언어는 소통이다〉·〈슬기로운 말글살이〉 카드뉴스

_ 국립국어원, 《바른 국어생활》(국어문화학교 국어전문교육과

정 교재)

_ 한국법제연구원(2015), 〈차별적·권위적 법령용어 및 전문 분야에서 관행적으로 사용되는 법령용어의 정비를 위한 개선방안 연구〉

_ 금융투자협회 보도자료(2015.7.13.), 〈어려운 금융용어 303개 알기 쉽게 풀이〉

_ 각 분야의 순화어 고시 보도자료 등

◆ 또한 일본어, 일본식 외국어, 일본어와 외국어가 결합한 말 등은 일본어로 구분했고, 일본식 한자어는 한자어에 포함하여 제시했습니다.

1장 소통을 가로막는 외래어/외국어

가드닝 :

요즘 반려 식물을 키우는 사람들이 점점 늘고 있습니다. 식물을 가꾸는 일은 동물을 기르는 것만큼이나 관심과 정성이 필요합니다. 얼마 전에 선인장을 선물로 받았는데 제대로 못 키우고 시들게 만들어, 식물을 잘 가꾸는 사람을 보면 존경심이 저절로 듭니다. '가드닝'은 실내외 작은 공간을 활용해 화초나 채소를 가꾸는 일을 말합니다. 이렇게 가꾼 식물은 공기 정화는 물론 정서 안정에 도움을 주고 공간도 활기차게 만들어 줍니다. 하지만 가드닝이라는 말은 원예를 더욱 어렵게 느껴지게 합니다. 가드닝 대신 '생활 원예'라고 하면 어떨까요? 집에서도 쉽게 할 수 있는 생활 원예는 좋은 취미 활동입니다.

가드닝 대신 생활 원예

☺ 새로운 취미가 생겼다고요?

😆 요새는 반려 식물이 대세잖아요. 생활 원예에 푹 빠져 지내고 있어요.

가드레일:

교통사고는 생각만 해도 아찔합니다. 때로는 사고를 수습하는 과정에서도 중앙선 침범이나 추락 같은 2차 사고가 발생할 수 있어 주의해야 하지요. 이를 방지하고자 도로에 설치하는 구조물을 '가드레일'이라고 합니다. 안전과 관련한 용어는 누구나 쉽게 알 수 있어야 합니다. 차량이 도로를 벗어나 사고가 생기지 않도록 보호하는 역할을 하는 가드레일은 '보호 난간'이라고 할 수 있습니다.

가드레일 대신 보호 난간

어제 저녁에 고속도로에서 발생한 사고 소식 들었어?

응, 보호 난간 덕분에 큰 사고로 이어지지 않아서 정말 다행이야.

가스라이팅 :

'가스라이팅'은 미국의 정신분석학자 로빈 스턴이 《그것은 사랑이 아니다*The Gaslight Effect*》에서 특정 유형의 정신적 학대를 부르는 용어로 사용해 널리 알려졌습니다. 가스라이팅은 가해자가 지속적으로 피해자의 마음을 조정하여 판단 능력을 잃게 만든 다음 마음대로 휘두르는 것을 뜻합니다. 가해자가 피해자보다 우위에 있는 경우가 많은데, 피해자는 가해자에게 인정받으려고 가해자의 말에 휘둘리게 됩니다. 힘의 우위를 이용한 미묘한 폭력을 민감하게 알아챌 수 있도록 쉬운 말을 사용할 필요가 있습니다. 가스라이팅은 다른 사람의 심리를 지배하거나 조정한다는 의미이므로, '심리(적) 지배' 또는 '마음을 조정하는 일'로 바꾸어 말할 수 있습니다.

가스라이팅 대신

심리(적) 지배, 마음을 조정하는 일

☹ 자꾸 나한테 착하다고 칭찬하면서 계속 심부름을 시키는데, 칭찬으로 내 심리를 지배하려는 거 아니야?

😮 '음, 어떻게 알았지?'

가이드라인 :

'가이드라인'은 사전에 '정부가 어떤 부문에 대한 정책을 뒷받침하려고 설정한 규제의 범위. 특히 중앙은행이 단기 외자의 유입流入을 규제하는 조항을 말한다', '언론 보도에 대한 정부의 보도 지침' 등으로 풀이되어 있습니다. 실제로는 지침이나 방침이라는 의미로 다양한 분야에서 사용됩니다. 그렇다면 의미가 명확하게 전달될 수 있도록 '지침'이나 '방침'이라고 쓰면 더 좋지 않을까요?

가이드라인 대신 지침, 방침

⚠ 이제는 우리나라도 지진 안전지대가 아니므로 하루빨리 지진 대피 지침을 마련해야 합니다.

갈라 쇼:

피겨 스케이팅처럼 예술성이 높은 스포츠는 공식 경기가 끝난 다음 선수들이 멋진 특별 공연을 펼치곤 합니다. 그 공연을 갈라 쇼라고 부르지요. '갈라 쇼'는 사전에 '큰 경기나 공연이 끝나고 나서 축하하여 벌이는 큰 규모의 오락 행사'로 풀이되어 있습니다. '갈라gala'는 경축 행사를 뜻하는 외국어이지만, 우리나라에서는 '뒤풀이 행사'라는 의미로 바뀌어 쓰이는 셈입니다. 그렇다면 알기 쉽게 '뒤풀이 공연', '특별 공연'이라고 쓰면 좋겠지요?

갈라 쇼 대신 뒤풀이 공연, 특별 공연

😢 동계 올림픽에서 우리나라 피겨 스케이팅 경기를 못 봐서 아쉬워.

🙂 걱정하지 마. 다음 주에 텔레비전에서 뒤풀이 공연을 중계한대.

그라피티 :

'그라피티graffiti'는 건물 벽 등에 스프레이 페인트로 그린 그림이나 문자를 말합니다. 낙서라는 뜻을 지닌 이탈리아어 'graffito'에서 비롯된 용어입니다. 대표적인 빈민가였던 뉴욕 할렘가의 상징으로도 많이 알려져 있습니다. 우리나라에서도 2030 세대가 많이 다니는 젊음의 거리에서 이런 그림을 볼 수 있습니다. 간혹 건물 외벽을 꾸미려고 그림을 그리는 곳도 있지요. 하지만 남의 건물에 무단으로 그림을 그리는 행위는 불법이니, 건물에 그림을 그리고 싶을 때는 적절한 절차를 밟아야 합니다. 그라피티 대신 '길거리 그림'이라고 부르면 더 쉽게 이해할 수 있을 것입니다.

그라피티 대신 길거리 그림

어제 홍대 근처에서 약속이 있었다며?

응, 오랜만에 갔는데 화려한 길거리 그림이 정말 인상적이었어.

그린 푸드 존

'그린 푸드 존'이라고 하면 무엇이 떠오르나요? '그린'은 환경과 관련된 다양한 말로 파생되어 쓰입니다. '그린 푸드'는 음식과 관련된 말일 텐데 그 뜻을 알기 어렵습니다. 그린 푸드 존은 '어린이 식품 안전 보호 구역'입니다. 다시 말해 어린이를 보호하고자 시장이나 군수 또는 구청장이 학교와 해당 학교의 경계선에서 직선거리 200미터의 범위 안을 관리하는 구역을 뜻합니다. 따라서 이곳에서는 불량 식품, 탄산음료, 지방이 많이 들어 있는 과자를 판매할 수 없습니다. 그러나 그린 푸드 존이라는 말로는 정확한 의미를 알기가 매우 어렵습니다. '어린이 식품 안전 보호 구역'이라고 표지판을 세운다면 더욱 좋을 것입니다.

그린 푸드 존 대신 어린이 식품 안전 보호 구역

⚠ 이곳은 어린이 식품 안전 보호 구역입니다.

네고 :

새로 구입하기 부담스러운 물건이 있으면 중고를 찾아봅니다. 온라인에서 중고 거래를 원하는 판매자들의 글을 많이 볼 수 있습니다. 이때 '네고 가능', '네고 불가' 같은 표현을 보게 됩니다. '네고'는 영어 'negotiation'을 줄인 말로, 가격 협상이나 절충 등의 의미로 사용됩니다. 빠르게 소통하며 물건을 사고팔 수 있도록, 설명이 필요한 네고라는 말 대신 '가격 협상'이라고 하면 어떨까요?

네고 대신 가격 협상

이 제품은 가격 협상이 가능하니 관심 있는 분은 연락 주세요.

노미네이트 :

영화제나 시상식에서 수상자를 발표하기 전에 수상 후보자들을 먼저 소개합니다. 특히 해외 영화제에서 우리나라 배우나 영화가 후보로 지명되면 우리나라 언론에서 큰 성과로 보도합니다. 이때 '노미네이트'라는 표현을 사용하지요. 물론 전 세계의 수많은 영화 중에서 뽑혔으니 분명 뛰어난 성과입니다. 다만 우리말로 쉽게 표현할 수 있는데 불필요하게 외국어를 그대로 쓸 필요가 있을까요? 노미네이트 대신 '후보 지명'이라고 하면 쉽게 이해할 수 있습니다.

노미네이트 대신 후보 지명

😆 그 소식 들었어? 오스카 시상식에서 우리나라 배우들이 후보로 지명되었대!

🙂 와, 정말 대단하다.

노블레스 오블리주 :

대기업에서 경영권을 기업 소유주의 2세나 3세에게 편법으로 물려주면 형사 처벌을 받게 됩니다. 그뿐 아니라 사회적으로도 큰 지탄을 받습니다. 사회 지도층에게는 그들이 누리는 것만큼 높은 수준의 도덕적 의무가 요구되기 때문입니다. 프랑스어인 '노블레스 오블리주'는 높은 사회적 신분에 걸맞은 도덕적 의무라는 뜻으로 우리나라의 언론 보도에서도 자주 사용됩니다. 말도 품격 있게 하려면 어려운 외래어 대신 쉽게 이해할 수 있는 우리말을 사용해야 하지 않을까요? 노블레스 오블리주는 '지도층 의무'라고 바꾸어 쓸 수 있습니다.

노블레스 오블리주 대신 지도층 의무

✎ 그들이 행한 나눔 활동은 우리 시대의 진정한 지도층 의무를 보여 주는 사례이다.

노쇼

특별한 날 근사한 식당에서 맛있는 음식을 먹는 것만큼 설레고 기분 좋은 일도 없습니다. 그런데 잔뜩 기대하고 간 식당에 자리가 없다면 낭패겠지요. 중요한 식사 자리는 반드시 예약을 해야 합니다. 요즘에는 예약을 하고 연락도 없이 오지 않거나 당일에 예약을 취소하는 손님들 때문에 자영업자들이 곤란을 겪는다고 합니다. 이를 나타나지 않는다는 뜻으로 '노쇼'라고 합니다. 노쇼는 일방적인 약속 파기로 식당 점주를 매우 난처하게 하는 일이니 예약을 변경해야 한다면 미리 연락을 해야 합니다. 노쇼라는 표현 대신 '당일 예약 취소'라고 표현하면 무엇을 지켜야 하는지 명확하게 드러납니다.

노쇼 대신 당일 예약 취소

- 당일 예약 취소가 두 건이나 있었어요.
- 정말 속상하시겠어요.

노이즈 마케팅 :

'노이즈 마케팅'이란 자신의 상품을 알리려고 일부러 구설에 오르게 해서 소비자들의 이목을 끌려는 홍보 전략을 말합니다. 부정적으로 보일 수 있다는 위험이 있지만, 인지도를 높일 수 있어 이러한 홍보 방법을 사용합니다. 오늘날과 같이 온라인 활동이 활발한 시대에 구설은 더 빨리 확산되지요. 이것이 홍보 전략인지, 그저 소문인지 구별하기가 쉽지 않습니다. 노이즈 마케팅 대신 의미가 분명하게 드러나도록 '구설 홍보'라고 하면 어떨까요?

노이즈 마케팅 대신 구설 홍보

네가 좋아하는 그 배우의 열애설이 났더라.

아마도 구설 홍보를 하려고 소속사가 일부러 퍼뜨린 것 같아.

노 키즈 존

'노 키즈 존'은 영유아나 어린이를 동반한 고객의 출입을 막는 업소를 가리키는 말입니다. 어린이에 대한 차별이라는 논란도 있습니다. 노 키즈 존은 보호자가 어린이에게 공공장소에서 지켜야 할 예절을 가르치지 않고, 책임 있는 모습을 보여 주지 않았기 때문에 생겼다고 할 수 있습니다. 현명한 어른이라면 어린이가 공공장소에서 다른 사람을 배려해 행동하도록 가르쳐야 합니다. 노 키즈 존은 '어린이 입장 제한 공간'이라고 할 수 있습니다.

노 키즈 존 대신 어린이 입장 제한 공간

이곳은 어린이 입장 제한 공간입니다. 그러나 공공 예절을 지킬 수 있는 어린이는 보호자와 함께 들어올 수 있습니다.

니즈

드라마에서 회의 장면이 나왔습니다. 상급자는 다른 직원들에게 소비자의 숨은 니즈를 파악해야 한다고 조언을 했습니다. 여기서 '니즈needs'는 수요나 요구 등을 뜻합니다. 굳이 니즈라는 말을 사용해서 얻는 효과는 무엇일까요? 오히려 needs가 갖는 여러 의미 때문에 정확한 뜻을 알기 어렵습니다. 문맥에 따라 '수요', '요구', '바람'으로 쓰면 뜻이 분명하게 드러납니다.

니즈 대신 수요, 요구, 바람

- 동네의 작은 맛집이던 곳이 이렇게 크게 성공할 수 있었던 요인은 무엇인가요?
- 손님들의 요구를 꼼꼼하게 적어 두었다가 하나씩 적용해 나간 덕분이라고 생각합니다.

다운로드 :

하루에도 여러 번 인터넷에 들어가 많은 자료를 찾고 내려받습니다. 과제나 업무에 필요한 자료, 서식뿐만 아니라 프로그램을 내려받기도 합니다. 이러한 일을 '다운로드하다' 또는 '다운받다'라고 표현합니다. 잘못된 표현은 아니지만, 인터넷 자료를 내려받는 일이 익숙해진 만큼 '내려받기'라는 쉬운 표현을 사용해 봅시다. 일상에서 자주 쓰는 외래어부터 차근차근 쉬운 말로 바꿔 쓴다면 더 소통하기 쉬운 사회가 될 것입니다.

다운로드 대신 내려받기

- 지원서는 어디에 있나요?
- 누리집의 알림 게시판에서 내려받으면 됩니다.

다크 스토어

요즘은 집에서 음식은 물론 다양한 상품을 주문할 수 있습니다. 밤에 주문한 상품을 다음 날 새벽에 받기도 합니다. 고객이 상품을 주문하면 도심에 있는 작은 물류 거점에서 상품을 배송하는데, 이러한 매장을 '다크 스토어'라고 부릅니다. 방문 고객은 받지 않고 상품을 보관하고 배송만 하는 매장이지요. 비대면 소비가 활발해지면서 이러한 매장도 더 많아질 것으로 보입니다. 사회 변화에 따라 새로운 개념이 생겨납니다. 그러나 불필요한 외국어 사용은 소통을 어렵게 할 뿐입니다. 다크 스토어는 '배송 전용 매장'이라고 할 수 있습니다.

다크 스토어 대신 배송 전용 매장

이곳은 배송 전용 매장이므로 관계자만 출입할 수 있습니다.

다크서클

잠을 못 자고 피로가 쌓이면 몸 이곳저곳에서 이상 신호를 보냅니다. 대부분 자신만 느낄 수 있는 신호들인데, 사람들은 얼굴만 보고도 "피곤해 보이네. 괜찮아?"라고 묻습니다. 때로는 "다크서클이 아래까지 내려왔네"라고 덧붙이지요. 피곤한 것도 힘든데 눈 아래에 생긴 칙칙한 그늘도 신경이 쓰입니다. '다크서클'은 직역하면 '검은 동그라미'입니다. 눈 아래에 생긴 칙칙한 그늘에 어울리는 이름은 아니지요. 다크서클 대신 '눈 그늘'이라고 해 봅시다.

다크서클 대신 눈 그늘

😮 눈 그늘이 얼굴에 가득한 걸 보니 잠을 못 잔 모양이네.

☹ 응, 숙제하느라 밤을 샜어.

드라이브스루

'드라이브스루'는 음식이나 음료 등을 살 때 차를 탄 채로 편하게 주문하는 방식을 뜻합니다. 바쁜 시간을 쪼개 식사를 해야 할 때나 음식을 포장해서 다른 곳에 가서 먹을 때 유용합니다. 코로나19가 확산되면서 비대면 방식의 좋은 사례로 주목받아 코로나19 검사 방식에 드라이브스루가 적용되기도 했습니다. 그러나 드라이브스루라는 표현으로는 뜻을 알기 어렵습니다. 드라이브스루 대신 '승차 구매'라고 하면 어떨까요?

드라이브스루 대신 승차 구매

☹ 여기 음식을 좋아하나 봐요.

☺ 이곳은 승차 구매를 할 수 있어서 좋아요.

디도스 공격

2009년과 2011년에 정부 기관을 비롯해 금융 회사와 포털 사이트가 디도스 공격을 받아 서비스가 중단되는 일이 있었습니다. '디도스 공격'은 특정 컴퓨터나 네트워크 장비를 대상으로 특정 전송로에서 일정 시간 내에 흐르는 정보를 대량으로 발생시켜 장애를 일으키는 사이버 공격 기법입니다. 마치 수많은 자동차 때문에 도로가 막혀 원래 지나가야 할 차가 도로로 진입하지 못하게 되는 상황과 비슷하다고 볼 수 있습니다. 디도스 공격을 막으려면 백신 프로그램을 최신 상태로 유지하고, 수상한 파일이나 전자 우편을 절대 열지 않아야 합니다. 사이버 공격의 종류가 늘어나고 있으니 제대로 알고 대비해야 합니다. 디도스 공격은 '분산 서비스 거부 공격'이라고 하면 뜻을 쉽게 알 수 있습니다.

디도스 공격 대신 분산 서비스 거부 공격

분산 서비스 거부 공격에 대비하여 누리집을 점검 중입니다.

디아이와이DIY :

무엇이든 뚝딱 잘 만드는 사람을 가리켜 '금손'이라고 부릅니다. 누구나 금손을 만들어 주는 제품이 있습니다. 간단히 조립해 나사만 조이면 완성할 수 있는 제품이지요. 이처럼 간단하게 직접 만들어 볼 수 있는 제품을 '디아이와이'라고 하는데, 이는 'Do it yourself'의 줄임 말입니다. 완제품보다 내가 직접 만든 물건에 더 애착이 가기 마련입니다. 내 손으로 직접 만드는 것이니 '손수 제작' 또는 '직접 만들기'라고 표현하면 그 의미가 더 와닿습니다.

디아이와이 대신 손수 제작, 직접 만들기

🙂 이 의자는 내가 손수 제작한 거야.

😮 너 정말 금손이다.

디엠DM :

최근에는 개인적인 일로 연락할 때 디엠을 많이 사용합니다. 식당 예약 관련해서도 디엠으로 묻기도 하지요. '디엠'은 '다이렉트 메시지Direct Message'를 줄인 말로, 누리소통망SNS 등을 통해 전달하는 쪽지를 말합니다. '쪽지'라는 말을 사용하면 뜻이 더욱 쉽게 통합니다. 앞으로 누리소통망에서 디엠 대신 쪽지로 소통하세요.

디엠 대신 쪽지

😮 짝꿍이었던 초등학교 동창이 내 누리소통망으로 쪽지를 보냈더라고.

😆 와, 정말 반가웠겠다.

디지털 사이니지 :

'디지털 사이니지digital signage'는 공공장소나 상업 공간 등에 설치되어 여러 정보와 광고를 보여 주는 화면을 말합니다. 간판, 도로 표지판, 건물 위의 대형 화면 등이 모두 해당됩니다. 워낙 많은 곳에서 사용되기 때문에 하루에도 수차례 디지털 사이니지를 보게 되지요. 그런데 디지털 사이니지는 발음하기도, 뜻을 알기도 어려운 말입니다. 디지털 사이니지는 '전자 광고판'이라고 하면 쉽게 알 수 있습니다.

디지털 사이니지 대신 전자 광고판

연말이 되면 백화점은 대형 전자 광고판에 화려한 영상을 선보인다.

디지털 포렌식

과학 기술이 발달하면서 수사 기법도 크게 발전하고 있습니다. 그 덕분에 미제 사건으로 남을 뻔했던 사건이 해결되기도 합니다. 특히 중요한 증거가 될 수 있는 컴퓨터나 스마트폰에 있던 사진, 문자, 통화 기록, 메모 같은 데이터가 삭제된 경우에 이러한 수사 기법이 절실합니다. 디지털 기기나 인터넷에 있는 데이터를 복원해 수집, 분석하는 기법을 '디지털 포렌식'이라고 합니다. 뉴스에서도 종종 들을 수 있는 말이지만 낯설고 어려운 전문 용어입니다. 디지털 포렌식은 '전자 법의학', '전자 법의학 수사'라고 하면 뜻을 쉽게 이해할 수 있습니다.

디지털 포렌식 대신

전자 법의학, 전자 법의학 수사

어제 뉴스 봤어?

응, 전자 법의학 수사로 문자 기록을 복원해서 해결한 사건을 집중 보도하더라.

딜리버리

오랫동안 만나지 못한 친구가 휴대 전화로 인사를 전하며 상품권을 보내 줬습니다. 외식 상품권도 간편하게 주고받을 수 있어 참 편리하더군요. 상품권을 사용하려고 보니 '딜리버리 전용 매장'이라는 말이 눈에 들어왔습니다. 배달만 가능한 음식점에서 사용할 수 있는 상품권이었습니다. 최근에는 작은 공간에 가게를 열어 배달로만 판매하는 음식점이 늘고 있습니다. 생활 방식에 새로운 문화가 도입되고 여러 변화가 생길 때 쉬운 말을 사용해야 누구나 그 변화에 적응할 수 있습니다. 딜리버리는 '배달'이라고 하면 쉽습니다.

딜리버리 대신 배달

저희 식당은 배달 전용 매장입니다.

딥페이크 :

'딥페이크'는 사진이나 영상에 다른 이미지를 합성해서 가공의 사진이나 영상을 만들어 내는 인공 지능 기술을 뜻합니다. 인공 지능 심층 학습을 뜻하는 '디프 러닝deep learning'과 가짜를 뜻하는 '페이크fake'를 합성한 말이지요. 이러한 기술로 만들어진 영상과 사진은 진위 여부를 구별하기가 어려워 가짜 뉴스를 만드는 데 악용되기도 합니다. 딥페이크는 여러 분야로 더욱 확산될 기술입니다. 그러니 누구나 알기 쉽도록 '(인공 지능 기반) 첨단 조작 기술'이라고 하면 어떨까요?

딥페이크 대신 (인공 지능 기반) 첨단 조작 기술

😮 요새 첨단 조작 기술을 이용해서 만든 영상이 많이 올라오더라.

😨 응, 신기하면서도 한편으로는 조금 우려스럽더라고.

라이브 커머스 :

최근 상품의 소비 방식에 새로운 변화가 생겼습니다. 판매자와 소비자 사이의 거리가 가까워졌다는 점이 큰 특징입니다. 대표적인 예로 '라이브 커머스'를 들 수 있습니다. 판매자가 인터넷 생방송에서 소비자와 실시간으로 소통하면서 상품을 사고파는 거래 방식입니다. 기존의 판매 방식으로는 주로 형태가 있는 물건을 판매했다면, 라이브 커머스에서는 부동산이나 무형의 자산을 망라해 무엇이든 팔 수 있다는 특징이 있습니다. 이러한 새로운 전자 상거래 방식은 앞으로 더 늘어날 것입니다. 그렇다면 말도 쉽게 표현하면 어떨까요? 라이브 커머스 대신 '실시간 방송 판매'라고 하면 더 쉽게 이해할 수 있습니다.

라이브 커머스 대신 실시간 방송 판매

😆 오늘 쓴 모자가 개성 있고 멋지네요.

🙂 그렇죠? 판매자가 직접 제작한 모자예요. 오늘 저녁에 신상품 실시간 방송 판매를 한다고 하는데 같이 볼래요?

라이선스 :

'○○제약 미국 특허청 라이선스 취득', '라이선스가 곧 종료됩니다'와 같은 표현을 종종 보게 됩니다. 앞의 '라이선스'는 '사용권'을, 뒤는 '특허권'을 나타냅니다. '라이센스'는 잘못된 표기입니다. 자주 사용하는 용어이지만 상황에 따라 의미가 조금씩 다릅니다. 라이선스는 상황에 맞게 '사용권', '면허장', '특허권' 등으로 바꾸어 사용하면 뜻이 더 분명하게 드러납니다.

라이선스 대신 사용권, 면허장, 특허권

○○제약에서 개발한 백신이 특허권을 취득했대.

대단하다.

랜드마크 :

파리의 에펠 탑, 뉴욕의 자유의 여신상, 런던의 빅 벤, 그리고 서울의 N서울타워의 공통점은 무엇일까요? 바로 그 나라나 도시의 랜드마크라는 점입니다. '랜드마크'는 탐험가나 여행자가 여러 곳을 다니다가 특정 장소로 돌아올 수 있도록 남긴 표식에서 유래했습니다만, 지금은 어떤 지역을 대표하거나 구별하게 하는 표지를 의미합니다. 건물, 문화재, 조형물 같은 게 해당됩니다. 랜드마크 대신 '상징물', '상징 건물', '대표 건물'이라고 하면 뜻이 쉽게 드러납니다. 순우리말로는 '마루지'라고 합니다.

랜드마크 대신 상징물, 상징 건물, 대표 건물, 마루지

너희 동네의 상징물은 뭐야?

잘 보존된 한옥 마을이 우리 동네의 상징물이야.

랜섬웨어 :

'랜섬웨어'는 사용자가 컴퓨터 시스템을 정상적으로 사용하지 못하도록 저장된 문서나 사진, 동영상 파일을 암호화하는 악성 파일을 가리킵니다. 해커는 피해자의 컴퓨터를 악성 파일에 감염시킨 다음 금전을 요구하는 전자 우편을 보내거나 안내 문구를 띄웁니다. 이와 같은 범죄에 걸려들지 않도록 주의해야 합니다. 랜섬웨어 대신 '금품 요구 악성 프로그램'처럼 뜻이 분명하게 드러나는 말을 사용하면 더 조심할 수 있습니다.

랜섬웨어 대신 금품 요구 악성 프로그램

😑 모르는 사람이 마치 나를 잘 아는 것처럼 메일을 보냈어. 첨부 파일을 열어 보라고 하는데 어떡하지?

😮 아마 금품 요구 악성 프로그램일 거야. 절대 열어 보면 안 돼.

러브 라인 :

주인공들의 사랑 이야기는 드라마나 영화의 단골 소재입니다. 이런 사랑 이야기를 '러브 라인'이라고 하지요. 러브 라인은 직선이 아니라 삼각이나 사각 구도로 나타나기도 합니다. 주인공들의 사랑 이야기도 사랑 이야기이지만, 주변 인물들의 사랑 이야기도 인기를 얻는 경우가 꽤 많습니다. 우리는 복잡하게 얽힌 사랑 이야기를 보며 울고 웃습니다. 러브 라인을 '사랑 구도'라고 하면 어떨까요?

러브 라인 대신 사랑 구도

🙂 드라마 〈올해 우리는〉 봤어요?

😆 네, 한 편도 안 빼고 봤어요. 주인공들의 사랑 구도가 인상적이에요.

러시아워 :

평일 아침에 출근하려고 대중교통을 타면 그 안은 이미 많은 사람들로 붐빕니다. 좁은 공간에서 옴짝달싹 못 하다 도착지에 내리면 아침인데도 진이 다 빠집니다. 도로도 마찬가지입니다. 아침저녁으로 차가 많은 시간이 있습니다. 출퇴근이나 통학 때문에 교통이 몹시 혼잡한 시간을 가리켜 '러시아워'라고 합니다. 혼잡한 교통 상황은 생각만 해도 머리가 아프지요. 러시아워라는 말도 머리를 아프게 하는 건 마찬가지입니다. 러시아워 대신 '혼잡 시간대'라고 하면 어떨까요?

러시아워 대신 혼잡 시간대

😐 약속 시간을 언제로 잡을까요?

😆 혼잡 시간대를 피해서 정해 봐요.

레몬 마켓 :

'레몬 마켓'이라는 말을 들어 본 적 있나요? 판매자보다 제품에 대한 정보가 적은 소비자가 속아서 제품을 사게 될까 봐 싼값만 지불하려 하고, 그러다 보니 저급품만 유통되는 시장을 가리키는 말입니다. 미국에서 레몬은 시고 맛없는 과일로 여겨져 불량품을 뜻하기도 합니다. 레몬 마켓 또한 쓸모없는 제품이나 서비스를 레몬에 빗대어 표현한 데서 유래한 용어입니다. 설명을 들어야만 뜻을 알 수 있는 어려운 말입니다. 레몬 마켓은 '정보 불균형 시장'이라고 하면 뜻을 쉽게 알 수 있습니다.

레몬 마켓 대신 정보 불균형 시장

정보 불균형 시장의 가장 큰 문제는 무엇일까요?

품질이 낮거나 불량인 제품이 많을 수밖에 없다는 점이에요.

레시피

오늘은 무엇을 먹을까 고민하다 인터넷에 요리를 검색해 봅니다. 그럼 수많은 요리법이 나옵니다. 요리 금손들이 요리하는 모습을 보면 따라하고 싶다는 마음이 생기지요. 이때 '레시피'라는 말을 접합니다. 레시피는 음식을 만드는 방법을 이릅니다. '조리법'이라는 쉬운 말을 대신 사용할 수 있지요. 어떤 음식을 가장 맛있게 만드는 방법이라는 뜻으로 '황금 레시피'라는 말도 사용되는데, 이것 역시 '황금 조리법'이라고 하면 어떨까요?

레시피 대신 조리법

😊 오늘 저녁에는 뭘 먹을까요?

😆 뱅 선생 조리법으로 만든 갈비찜 어때요?

레퍼런스

'레퍼런스'는 여러 전문 분야에서 사용되어 다양한 의미를 갖고 있습니다. '디브이디DVD나 시디CD 가운데 뛰어난 음질과 화질을 갖춘 최고의 것'을 이르기도 하고, '레퍼런스 매뉴얼', '레퍼런스 번호', '레퍼런스 서비스'와 같이 쓰이기도 합니다. 레퍼런스 매뉴얼은 소프트웨어 또는 하드웨어 장치를 사용하는 방법을 설명하는 책이고, 레퍼런스 번호는 거래나 증서를 명확하게 식별하는 번호입니다. 레퍼런스 서비스는 도서관 이용자에게 자료나 정보를 지원하는 서비스를 뜻합니다. 이처럼 레퍼런스는 상황에 따라 의미가 바뀌기 때문에 정확한 뜻을 드러내는 말로 바꾸어 사용해야 합니다. 레퍼런스 매뉴얼은 '장치 사용 안내 책자', 레퍼런스 번호는 '거래 식별 번호', 레퍼런스 서비스는 '정보 지원 서비스'와 같이 각각 표현하면 뜻이 명확하게 드러납니다.

레퍼런스 대신 장치 사용 안내 책자, 거래 식별 번호, 정보 지원 서비스

🙂 컴퓨터를 새로 구입했구나.

😆 응, 사용하기 전에 장치 사용 안내 책자를 보고 있어.

로그인

누리집의 서비스를 이용하려면 자신이 등록한 아이디와 비밀번호를 입력해야 합니다. 보통 '로그인'이라고 하지요. 우리는 이미 이 단어에 익숙해서 의미를 쉽게 알 수 있지만 명확하게 표현할 수 있는 우리말이 있습니다. 바로 '접속하기'입니다. 다른 설명을 덧붙이지 않아도 금방 이해할 수 있습니다. 둘 중에 하나를 사용해야 한다면 무엇을 선택하는 게 좋을까요? 저라면 뜻을 금방 알 수 있는 '접속하기'를 선택하겠습니다.

로그인 대신 접속하기

오늘 비대면 강의에 참석할 분은 먼저 누리집에 접속해 주시기 바랍니다.

로드 맵

무슨 일이든 단계적으로 계획을 세워야 효율적으로 시행할 수 있습니다. 어떤 목표를 실현하기 위한 계획을 소개할 때 '로드 맵'이라는 말을 자주 사용합니다. '○○시 혁신 성장 기업 로드 맵', '인공 지능 국가 전략 로드 맵', '금융 설계 로드 맵'처럼 말입니다. 로드 맵은 단계별로 계획을 세우는 일을 뜻합니다. 효율적으로 일을 진행하려면 쉬운 말을 사용하는 것이 중요합니다. 로드 맵 대신 '단계별 계획'이라고 하면 더욱 좋겠습니다.

로드 맵 대신 단계별 계획

😟 해야 할 일이 많은데 무엇부터 해야 할지 모르겠어.

🙂 무슨 일이든 단계별 계획을 세우고 시작하는 게 중요해.

로드킬

운전을 하다 보면 육교나 구름다리 같은 동물 이동 통로를 볼 때가 있습니다. 도로를 만드느라 다니던 길이 없어진 동물들이 차도로 다니다 사고가 나지 않도록 만든 통로이지요. '로드킬'은 야생 동물이 도로에 뛰어들어 생기는 교통사고로, 야생 동물뿐만 아니라 사람에게도 큰 위협이 됩니다. 크고 작은 추돌 사고와 사망 사고로 이어지기 때문에 고속도로를 달릴 때 특히 주의가 필요합니다. 그러나 로드킬이라는 단어만 가지고 의미를 파악하기가 쉽지 않습니다. 로드킬 대신 '동물 찻길 사고', '동물 교통사고'라는 말을 쓰면 사고에 대한 경각심도 높일 수 있습니다.

로드킬 대신 동물 찻길 사고, 동물 교통사고

- 이 도로는 길을 잃은 동물들이 갑자기 튀어나올 수 있으니 조심해야 해요.
- 맞아요. 이곳은 동물 찻길 사고가 잦은 도로라서 더 주의해야 해요.

론칭 쇼:

'론칭 쇼'는 신제품을 만들어 시장에 내놓기 전에 대중에게 선보이는 행사를 뜻합니다. '론칭 기념으로 ○○제품 구입 시 사은품을 드립니다'와 같은 표현도 볼 수 있는데, 이때 '론칭'은 '신규 창업'을 의미합니다. 실제로 비규범 표기인 '런칭'이나 '런칭 쇼'라는 말도 많이 쓰입니다. 비규범 표기를 지적하기보다 더 알기 쉬운 말을 사용하면 어떨까요? 다양한 분야에서 사용되는 말인 만큼 누구나 금방 알 수 있는 말을 사용해야 합니다. 론칭 쇼 대신 '신제품 발표회'라는 말을 써 봅시다.

론칭 쇼 대신 신제품 발표회

온라인으로 개최하는 지능형 가구 신제품 발표회에 많은 관심 부탁드립니다.

롤 모델

훌륭한 인격을 갖추었거나 어떤 분야에서 뛰어난 사람을 보면 닮고 싶다는 생각이 듭니다. 이처럼 본받고 싶은 사람 또는 닮고 싶은 사람을 '롤 모델'이라고 합니다. 롤 모델을 더 쉽고 정확하게 표현할 수 있는 말이 있습니다. 본받고 싶은 사람이라는 의미로 '본보기'나 '닮고 싶은 사람'이라는 말은 어떤가요? 누구나 마음속에 닮고 싶은 사람이 한 명쯤 있지요. 제가 닮고 싶은 사람은 불필요한 외국어를 많이 쓰는 요즘, 우리말을 적절하게 잘 쓰는 사람입니다.

롤 모델 대신 본보기, 닮고 싶은 사람

🙂 어제 제인 구달이 나오는 기록 영화를 봤어.

😆 네가 가장 닮고 싶은 분이지?

롤 오버

'롤 오버'는 만기 시 현금을 지급하는 대신 채권을 발행하여 만기를 늦추는 일을 뜻하는 금융용어입니다. 금융 투자 상품의 만기를 연장하는 것을 가리키기도 합니다. 어려운 금융 용어는 꼭 알아야 할 정보와 멀어지게 합니다. 되도록 쉬운 말을 사용하면 어려운 금융 정보도 쉽게 이해할 수 있지 않을까요? 롤 오버는 '만기 연장'이라고 할 수 있습니다.

롤 오버 대신 만기 연장

지난번 투자한 금융 상품이 만기가 되지 않았어?

전문가에게 조언을 들으니 만기 연장을 하는 게 좋겠다고 하네.

루미나리아 :

날이 어두워져야만 빛을 발하는 축제가 있습니다. 바로 반짝반짝 멋진 조명들이 만들어 내는 축제입니다. '루미나리아'는 다양한 색깔과 크기의 조명으로 조형물을 만들어 화려한 분위기를 연출하는 축제를 일컫습니다. 각종 조명이 밤을 아름답게 수놓는 축제이지만 어쩐지 아쉬운 마음이 듭니다. 뜻을 알기 어려운 말 때문입니다. 누구나 쉽게 알 수 있도록 '불빛 축제'라고 부르면 더 많은 사람이 행복하게 즐길 수 있지 않을까요?

루미나리아 대신 불빛 축제

😆 올해 성탄절을 맞아 불빛 축제가 열리는 공원을 갔는데 화려한 조명이 환상적이었어.

😍 정말 멋있었겠다!

리사이클링 :

'리사이클링'은 자원을 절약하고 환경 오염을 방지하고자 못 쓰게 된 물건을 재생해서 다시 이용하는 일을 말합니다. 환경 보호를 위해 꼭 필요한 일입니다. 무분별한 외국어 사용을 줄이려는 노력처럼 말입니다. 사실 이 단어는 이미 익숙한 우리말이 있습니다. 바로 '재활용'입니다. 외국어를 쓰기 전에 쉬운 우리말이 없는지 한 번 더 생각하고, 무언가를 버리기 전에 재활용할 수 있는지 한 번 더 살펴보세요.

리사이클링 대신 재활용

재활용할 수 있는 쓰레기는 반드시 분리 배출해 주세요.

리스 :

자동차를 구매하려고 알아보다 보니 자동차 리스를 추천하는 사람들이 많았습니다. 사전에서 '리스'는 '기계, 설비, 기구 따위를 임대하는 제도'라고 풀이하고 있습니다. 자동차 리스는 자동차를 장기간 임대하는 것을 뜻하지요. 이 뜻을 살리면 쉬운 말로 간단히 바꿀 수 있습니다. '임대' 또는 '장기 임대'라는 표현으로도 충분히 뜻을 드러낼 수 있기 때문입니다.

리스 대신 임대, 장기 임대

😟 자동차를 구매하지 않고 장기 임대하는 이유가 뭐예요?

🙂 자동차 장기 임대를 하면 계약 후에 중고 가격으로 차를 구매할 수 있다고 해요.

리유저블 컵

어느 날 카페에 갔다가 '우리 매장은 리유저블 컵을 사용합니다'라는 안내문을 본 적이 있습니다. 리유저블 컵이 무엇인지 몰라 종업원에게 물어보았습니다. 종업원은 "일회용 컵이 아니라 여러 번 사용할 수 있는 컵"이라고 친절하게 설명해 주었습니다. 감사하다는 인사를 하면서 다회용 컵이라고 쓰면 더 좋겠다고 이야기하자 고맙게도 흔쾌히 수정하겠다고 하더군요. 이처럼 쉽게 표현할 수 있는 말이 있는데도 불필요하게 외국어를 쓰는 경우가 많습니다. 리유저블 컵은 '다회용 컵'이라고 하면 쉽습니다.

리유저블 컵 대신 다회용 컵

우리 매장은 일회용 컵 대신 다회용 컵을 사용합니다.

리퍼브 :

필요한 물건이 있어 인터넷에서 찾아보다가 '리퍼브'라고 적힌 상품을 봤습니다. 리퍼브가 무슨 뜻인지를 몰라 제품 상세 정보를 자세히 살펴봤지만 알 수가 없어 답답했지요. 사전을 검색해 본 뒤에야 그 뜻을 알 수 있었습니다. 리퍼브는 '판매장에 전시된 적이 있거나 고장이나 흠이 있어 소비자가 반품한 것을 새로 손질하여 소비자에게 정품 가격보다 싸게 파는 일이나 그 상품을 일컫는 말'이었습니다. 리퍼브는 '손질 상품'이라고 하면 어떨까요?

리퍼브 대신 손질 상품

☺ 이게 이번에 구입한 자전거이군요?

😆 네, 손질 상품인데 기능에는 문제가 없고 가격도 저렴해서 좋아요.

마일리지 :

비행기를 이용하면 항공 마일리지가 쌓입니다. 이 마일리지는 나중에 현금처럼 사용할 수 있습니다. 이처럼 기업에서 고객의 이용 실적에 따라 점수를 부여하고 누적된 점수를 화폐와 같이 사용할 수 있도록 하는 제도를 '마일리지'라고 합니다. 최근에는 기업들도 많이 활용하지만, 공공 기관에서도 공적인 목적, 즉 전기 절약, 환경 보호 등에 이 제도를 이용하기도 합니다. 여러 분야에서 사용되는 말인 만큼 좀 더 쉬운 말을 사용하면 어떨까요? '이용 실적 점수'라고 하면 뜻이 더 쉽게 전달됩니다.

마일리지 대신 이용 실적 점수

환경 보호 지침을 실천하신 분께는 이용 실적 점수를 드립니다. 10점 이상이 되면 점수에 따라 환경 사랑 상품권을 드립니다.

마타도어 :

정치면 기사를 읽다 보면 어려운 말 때문에 한 번에 이해하지 못하는 경우가 많습니다. '기후 위기가 정치적 마타도어로 악용돼선 안 된다'라는 문장처럼 말입니다. '마타도어'는 누군가를 모략하거나 비방하려고 근거 없는 사실을 조작하는 흑색선전을 뜻합니다. 이 말은 마지막에 소의 정수리를 찔러 죽이는 투우사를 뜻하는 스페인어 'matador'에서 유래했다고 합니다. 마타도어 대신 '흑색선전'이라고 하면 훨씬 쉽습니다.

마타도어 대신 흑색선전

😨 선거가 다가오니 흑색선전이 많아졌어요. 유권자들이 똑똑하게 검증해야 해요.

😑 악의적인 흑색선전이 없어지면 좋겠어요.

매치업 :

운동을 즐기지 않는 사람에게는 경기 관람도 쉽지 않습니다. 경기 용어가 어렵기 때문입니다. '매치업'이 대표적입니다. 이 말은 운동 경기에서 양쪽 선수가 맞붙는 것을 가리킵니다. 예를 들어 농구 경기 중 공격과 수비가 서로 맞붙을 때 이 말을 씁니다. 좀 더 쉬운 말을 사용한다면 운동이 낯선 사람도 경기를 더 쉽게 즐길 수 있지 않을까요? 매치업은 쉬운 말로 '맞대결'이라고 할 수 있습니다.

매치업 대신 맞대결

🙂 어제 농구 경기 중 기억에 남는 장면이 있어요?

😍 각 팀 주장 선수의 맞대결 장면이 인상적이었어요.

맥시멀리스트 :

집을 보면 그 집에 사는 사람의 취향을 알 수 있습니다. 어떤 집은 빈 공간을 찾을 수 없을 정도로 벽마다 빼곡하게 액자가 걸려 있고, 장식장에도 멋진 그릇과 소품이 가득합니다. 생활용품도 미리 챙겨 둬서 찬장에 가득하지요. 이런 취향을 가진 사람을 가리켜 '맥시멀리스트'라고 합니다. 맥시멀리스트는 많은 요소들로 빼곡히 채우는 것을 추구하는 사람을 뜻합니다. 무엇이든 최대한 많이 추구하는 사람이라는 뜻이므로 맥시멀리스트 대신 '최대주의자'라고 하면 어떨까요?

맥시멀리스트 대신 최대주의자

☺ 영수네 집 구경 잘 했어?

😆 응, 집 곳곳에 영수가 좋아하는 그림과 장식품이 가득하더라. 영수는 정말 최대주의자야.

머그 숏 제도

머그 숏은 경찰이 피의자의 얼굴을 식별하려고 찍은 사진을 말합니다. 미국 등에서는 머그 숏을 공개하는 제도를 시행하고 있습니다. 우리나라에서는 아직 시행하고 있지 않지만, 강력 범죄가 늘어나면서 범죄자의 얼굴을 공개해야 한다는 여론이 높아지고 있습니다. 머그 숏 제도 대신 '피의자 사진 공개 제도'라는 쉬운 말을 익혀 둔다면, 나중에 제도가 시행될 때 더욱 쉽게 이해할 수 있지 않을까요?

머그 숏 제도 대신 피의자 사진 공개 제도

- 피의자 사진 공개 제도가 시행되면 어떨까?
- 강력 범죄자의 재범을 방지할 수 있을 거야.

머스트 해브 :

미용실에서 머리 손질을 하는 동안 비치되어 있는 잡지를 보곤 합니다. 잡지에는 유용한 정보도 많고 옷, 신발, 가방, 화장품까지 다양한 제품도 소개되어 있습니다. 그 제품으로 꾸민 매력적인 사람들을 보면 '나도 저 제품을 갖고 싶다'는 생각이 자연스레 듭니다. 한편으로는 잡지를 가득 채운 불필요한 외국어 때문에 인상이 찌푸려지기도 하지요. 이제는 하나씩 바꾸어 나가면 어떨까요? '머스트 해브'는 필수로 가져야 하는 물건이나 제품을 가리키므로 '필수품'으로 바꿔 쓸 수 있습니다.

머스트 해브 대신 필수품

😍 모자 새로 산 거야? 멋지다.

😆 올봄 멋쟁이가 되기 위한 필수품이야.

메세나 :

'메세나'는 기업이나 개인이 문화, 예술, 과학, 스포츠 분야 등을 지원하는 활동을 뜻합니다. 이 단어는 로마의 시인들을 후원하면서 문화 예술의 보호자가 된 '마에케나스Maecenas'의 이름에서 유래했습니다. 프랑스어로는 '메세나'라고 읽습니다. 뜻깊은 일이지만 용어가 어려워 설명이 꼭 필요한 말이기도 합니다. 문화 예술의 발전을 위한 활동이니 더더욱 쉽고 멋진 말을 사용해야겠지요? 메세나는 쉽게 '문예 후원'이라고 할 수 있습니다.

메세나 대신 문예 후원

😆 올해 한글날에 세계 여러 나라에 소개하는 한글 영상 대회가 열린대요.

🙂 저도 들었어요. 공공 기관과 기업들이 문예 후원에 참여하면서 개최하게 되었다고 해요.

메타버스:

'메타버스'는 현실 속 세상을 디지털상의 가상 세계로 확장시키는 것을 가리킵니다. 가상 현실, 증강 현실 기술이 일상에서 점차 많이 사용되고 있지만, 이러한 개념이 익숙하지 않은 사람들에게는 이해하기 어려운 말이기도 합니다. 과학 기술의 발달로 새로운 개념이 쏟아지는 때입니다. 모든 사람에게 새로운 정보가 잘 전달되려면 쉬운 말로 정리해야 합니다. 메타버스는 '확장 가상 세계'라고 할 수 있습니다.

메타버스 대신 확장 가상 세계

상상을 현실로 만드는 확장 가상 세계 기술이 점차 발전하고 있습니다.

무빙워크 :

긴 거리를 서서 자동으로 갈 수 있는 장치가 설치되어 있으면 참 반갑지요. 특히 걷기 불편한 사람이나 무거운 짐을 들고 가는 사람 또는 유아차를 끄는 사람에게는 큰 도움이 됩니다. 이처럼 사람이나 화물이 자동적으로 이동하도록 만든 길 모양의 장치를 '무빙워크'라고 부릅니다. 그 편리함을 더 많은 사람이 알 수 있도록 말도 쉽게 쓰면 좋겠습니다. 무빙워크 대신 '자동길'이라고 하면 더욱 좋지 않을까요?

무빙워크 대신 자동길

😆 공항까지 가는 길은 자동길로 되어 있어서 짐을 들고 갈 때 아주 좋았어.

🙂 맞아. 정말 편리하더라.

미니멀 라이프

무엇이든 가득 채우기를 좋아하는 최대주의자와는 달리 생활에 필요한 최소한의 물건만 갖추고 사는 사람들도 있지요. 이러한 생활 방식을 '미니멀 라이프'라고 합니다. 화려함보다는 소박함과 간소함을 추구하는 사람들이 선호하지요. 미니멀 라이프는 '간소 생활'이라는 말로 바꾸어 쓸 수 있습니다. 요즘에는 집에 꼭 필요한 물건만 두고 간소 생활을 즐기는 사람들이 점점 늘고 있습니다.

미니멀 라이프 대신 간소 생활

😮 어제 영철이네 갔었다며?

🙂 응, 영수네와는 다르게 장식품이나 물건이 거의 없더라. 간소 생활을 추구하는 듯해.

미디어 리터러시 :

요즘은 각종 매체에서 정보가 쏟아지다 보니 그 정보를 얼마나 잘 습득할 수 있는지가 훨씬 중요해졌습니다. '미디어 리터러시'는 매체에서 얻은 정보를 읽고 해석하는 능력이나 그러한 정보를 활용해 자신의 생각을 표현하는 능력을 뜻합니다. 글을 읽고 이해할 수 있는 능력과 비슷하지만, 매체의 특성을 이해하고 있어야 한다는 점에서 구별해 부릅니다. 미디어 리터러시는 '매체 이해력', '매체 문식력'이라고 하면 어떨까요?

미디어 리터러시 대신

매체 이해력, 매체 문식력

매체의 종류가 다양해지는 만큼 매체 이해력 교육이 더 활발해져야 합니다.

밀키트 :

요리 솜씨가 서툰데 갑자기 손님을 맞이해야 할 때면 참 난감합니다. 이럴 때 재료가 모두 손질되어 있어 간편하게 요리할 수 있는 제품이 있다면 정말 반갑겠지요? '밀키트'는 완제품으로 나오는 간편식은 아니지만 손질된 재료와 양념, 조리법까지 담겨 있어 쉽게 요리할 수 있습니다. 갑작스럽게 손님을 대접해야 할 때 유용하지요. 하지만 밀키트라는 단어를 보면 유용한지 잘 모르겠습니다. '바로 요리 세트'라는 쉬운 말로 부르면 장점도 바로 알 수 있지 않을까요?

밀키트 대신 바로 요리 세트

🙂 집들이 음식은 어떻게 준비할 거예요?

😆 바로 요리 세트가 있어서 간편하게 요리할 수 있어요.

바우처 :

'바우처'란 일정한 조건을 갖춘 사람이 복지 서비스를 이용할 때 정부가 비용을 대신 지급하거나 보조해 주고자 내놓은 지불 보증서를 뜻합니다. 취약 계층을 위해 마련된 복지 제도의 하나입니다. 교육, 주택, 의료 분야의 복지 서비스가 대표적이며 상품권처럼 사용할 수 있지요. 복지의 내용을 쉽게 알 수 있도록 쉬운 말을 사용하는 일도 중요합니다. 바우처 대신 '상품권'이나 '이용권'이라고 하면 뜻을 쉽게 알 수 있습니다.

바우처 대신 상품권, 이용권

추석을 맞이하여 주민 센터에서는 취약 계층 어르신들에게 지역 내의 모든 매장에서 사용할 수 있는 상품권을 제공한다고 합니다.

바이럴 광고:

'바이럴'은 물건을 판매하거나 행사를 알릴 때, 마치 바이러스가 퍼지듯이 소비자들 사이에 홍보가 전달되는 입소문을 뜻합니다. '바이럴 광고'는 입소문을 내는 광고로 특히 인터넷에서 효과가 큽니다. 주로 누리소통망이나 인터넷 카페 같은 곳에 광고가 아닌 것처럼 글을 올리거나 댓글을 쓰는 방식으로 이루어집니다. 비용 대비 효과가 크다는 장점이 있지만, 허위 광고나 과대광고가 많다는 단점도 있습니다. 바이럴 광고는 '입소문 광고'라고 할 수 있습니다.

바이럴 광고 대신 입소문 광고

⚠ 입소문 광고는 소비자에게 제품에 대한 정보를 제공하기도 하지만, 허위 광고나 과대광고가 많기 때문에 믿을 수 있는 내용인지 잘 살펴봐야 합니다.

바인더 :

우리는 공부를 할 때든 일을 할 때든 필요한 자료를 모아 둡니다. 때로는 내가 좋아하고 관심 있는 분야의 자료도 잔뜩 모아 두지요. 이럴 때 컴퓨터에 모은 자료는 비교적 쉽게 정리할 수 있지만, 출력한 자료는 잘 정리하지 않으면 서로 섞여 찾기도 어렵습니다. 그래서 바인더에 분류해 넣는 경우가 많습니다. '바인더'는 여러 분야의 전문 용어로도 쓰이지만 주로 서류, 신문, 잡지 따위를 철해서 꽂는 물건이라는 뜻으로 사용합니다. 이 경우 바인더 대신 '보관철'이라고 하면 누구나 쉽게 이해할 수 있습니다.

바인더 대신 보관철

- 서류는 어떻게 정리할까요?
- 날짜별로 보관철에 정리해 주세요.

박스 오피스

'박스 오피스'는 영화나 공연을 관람할 수 있는 입장권을 판매하는 장소를 뜻합니다. '설 연휴를 겨냥한 한국 영화가 박스 오피스 1위를 차지하다'와 같이 영화 등의 흥행 결과를 알 수 있는 총수입액이라는 뜻으로 사용되기도 합니다. 그러나 흥행 순위를 수입액이 아니라 관람객 수를 기준으로 하는 경우도 있습니다. 이처럼 박스 오피스는 매표소, 영화나 공연 사업의 수입액 또는 관람객 수와 같은 여러 의미를 지니고 있어 상황에 따라 뜻을 파악해야 합니다. 앞으로는 정확한 뜻을 알 수 있도록 박스 오피스 대신 '관람객 수', '수입액', '매표소' 등으로 상황에 맞게 쓰면 어떨까요?

박스 오피스 대신 관람객 수, 수입액, 매표소

😊 올해 한국 영화의 흥행 성적이 아주 좋더라고요.

😆 그러게요. 이번 달에도 한국 영화가 관람객 수 1위를 차지했다고 해요.

발레파킹 :

건물에 '발레파킹'이라고 쓰인 안내문을 본 적이 있나요? 아마 '발렛파킹'으로 잘못 표기한 경우도 자주 보았을 것입니다. 발레파킹은 백화점, 음식점, 호텔 등의 주차장에서 주차 요원이 손님의 차를 대신 주차하는 일을 뜻합니다. 이때 '발레'는 무용을 뜻하는 발레ballet가 아니라 주차 요원valet을 뜻하는 말로, 프랑스어 발음을 따라 '발레'라고 읽습니다. 발레파킹 대신 '대리 주차'라고 하면 누구나 금방 뜻을 알 수 있습니다. 누구나 쉽게 알 수 있는 말을 두고 발레파킹이라는 말을 쓸 필요가 있을까요?

발레파킹 대신 대리 주차

우리 식당은 무료로 대리 주차를 해 드립니다.

방카쉬랑스 :

예전에는 은행에서 예금이나 적금, 대출 업무만 취급했던 때도 있었습니다. 하지만 이제 은행은 여러 종류의 금융 상품을 판매하고 최근에는 보험 상품도 판매하지요. 은행의 보험 연계 업무를 '방카쉬랑스'라고 하는데, 이는 프랑스어로 '은행banque'과 '보험assurance'을 합친 말입니다. 소비자 입장에서 방카쉬랑스가 정말 좋은 것인지 알려면 용어부터 쉽게 바꿔야 하지요. 방카쉬랑스는 '은행 연계 보험'이라고 할 수 있습니다.

방카쉬랑스 대신 은행 연계 보험

⚠ 은행 연계 보험에 가입할 때는 가입 조건을 꼼꼼히 살펴보아야 합니다.

배리어 프리:

'○○시 보건소에 배리어 프리 키오스크 도입… 장애인·고령자 편의 개선'이라는 기사 제목을 봤습니다. '배리어 프리 키오스크'를 아는 사람이 얼마나 될까 하는 생각이 들더군요. '배리어 프리'는 고령자나 장애인 같은 사회적 약자들을 배려해 물리적, 제도적 장벽을 허물어 살기 좋은 사회를 만들자는 운동을 뜻합니다. 그러나 정작 의미를 알기 어려운 용어를 사용해 또 다른 장벽을 만드는 건 아닐까요? 그 말을 바꾸어 쓸 수 있는 적절한 말이 없다면 조금 쉽게 표현하려는 노력이 필요합니다. 배리어 프리는 '장벽 없는'이라고 쉽게 풀어서 쓸 수 있습니다.

배리어 프리 대신 장벽 없는

○○시는 장애인과 고령자가 장벽 없이 사용할 수 있는 무인 안내기를 보건소에 설치했습니다.

백패킹 :

'열심히 일한 당신 떠나라!' 오래 전에 인기를 끌었던 광고 문구입니다. 가방 하나만 둘러메고 훌훌 떠나는 여행은 생각만 해도 참 설렙니다. '백패킹'은 야영에 필요한 장비를 등에 지고 떠나는 여행을 말합니다. 그런데 우리말이 아니라 뜻을 유추하기가 쉽지 않습니다. 누구나 시도해 볼 수 있도록 '배낭 도보 여행'이라고 하면 좋겠습니다.

백패킹 대신 배낭 도보 여행

🙂 여름휴가 계획 세웠어요?

😆 친구와 배낭 도보 여행을 가기로 했어요.

번아웃 증후군 :

'번아웃 증후군'은 요즘 많은 사람들이 자주 겪는 심리 증상 중의 하나입니다. 이 증후군은 어떠한 활동에 몰두하던 사람이 극도의 정신적·육체적 피로를 느끼며 기력이 소진된 상태를 말합니다. 무슨 일을 하든 자신의 몸과 마음의 건강 상태를 잘 살펴야 하지요. 번아웃 증후군은 '탈진 증후군'이라고 할 수 있습니다. 탈진 증후군이 오지 않도록 적절한 휴식을 꼭 취하세요.

번아웃 증후군 대신 탈진 증후군

많이 힘드셨다고 들었어요.

한 달 내내 일에만 매달렸더니 결국 탈진 증후군이 나타나더라고요.

벌크 업:

세상의 그 어떠한 일도 건강을 잃으면 아무 소용이 없습니다. 그래서 평소에 건강 관리를 잘 해야 하지요. 건강한 몸을 만들려면 근육을 키워야 합니다. 근육 운동을 할 때 '벌크 업'이라는 말을 들어 봤지요? 벌크 업은 체중이 늘더라도 식사량과 운동량을 늘려 근육량을 늘리는 것을 말합니다. 이를 쉽게 표현하면 '근육 키우기'라고 할 수 있습니다.

벌크 업 대신 근육 키우기

🙂 올해 나의 목표는 강철이의 몸처럼 되는 거야.

😮 그럼 근육 키우기부터 해야겠네.

베네핏 :

텔레비전 프로그램에서 한 어린이가 "베네핏 뜻이 뭐예요?"라고 물으니, 출연진 한 명이 "개이득"이라고 대답했습니다. 그러자 많은 사람이 아이들 눈높이에 맞춘 설명이라며 웃었습니다. 재미있다고 넘길 수도 있지만, 어린이들에게 굳이 '베네핏'이라는 말을 사용할 필요가 있을까 하는 생각이 듭니다. 다른 프로그램에서도 종종 이 말을 듣게 되는데, 누구나 쉽게 알 수 있는 '혜택'이라는 말을 사용하면 어떨까요?

베네핏 대신 혜택

😟 우승자에게 주는 혜택이 뭐죠?

🙂 상금 5천만 원이래요.

벤치 클리어링

야구 경기에서 의자에 앉아 있던 양측 선수들이 경기장으로 우르르 몰려나와 서로 뒤엉켜 싸우는 장면을 본 적이 있나요? '벤치 클리어링'은 팀 경기에서 양 팀 선수 사이에 미묘한 신경전이나 몸싸움이 있을 때, 다른 모든 선수가 같은 팀 선수를 위해 경기장으로 뛰어나오는 일을 뜻합니다. 벤치 클리어링은 '선수단 몸싸움'이라고 할 수 있습니다.

벤치 클리어링 대신 선수단 몸싸움

☺ 어제 야구 결승 경기에서 있었던 선수단 몸싸움이 연일 화제네요.

😮 선수단 몸싸움이 어쩌다 일어났어요?

보이스 피싱 :

매체가 발달하면서 사기 범죄도 다양해지고 있습니다. '보이스 피싱'은 전화나 문자 등을 이용해 개인 정보를 빼내 범죄에 사용하는 사기 수법입니다. 이때 '피싱'은 '개인 정보private data'와 '낚시fishing'를 합성한 말입니다. 보이스 피싱 대신 '사기 전화'라고 하면 범죄에 대한 경각심을 높일 수 있습니다. '스미싱' 또는 '메신저 피싱'은 '문자 사기'입니다.

보이스 피싱 대신 사기 전화

😑 재난지원금 지급을 빙자한 사기 전화가 극성을 부리고 있네요.

😠 정말 조심해야겠어요.

뷰파인더 :

취미 생활은 다람쥐 쳇바퀴 같은 일상을 활기차게 만들어 줍니다. 사진 찍기는 예전부터 꾸준히 인기 있는 취미 중 하나이지요. 휴대 전화로도 사진을 쉽게 찍을 수 있어 많은 사람이 사진 찍기에 관심을 갖고 있습니다. 취미 생활을 좀 더 깊이 즐기는 사람들은 사진기로 촬영을 하지요. 그런데 사진기에는 외국어로 된 명칭이 많습니다. '뷰파인더'가 대표적입니다. 뷰파인더는 사진기의 촬영 범위나 구도, 초점 조정 상태 등을 살펴보려고 눈으로 들여다보는 부분을 말합니다. 뷰파인더는 쉬운 말로 '보기창'이라고 할 수 있습니다.

뷰파인더 대신 보기창

사진기 초점 맞추는 일이 어렵네요.

익숙해지면 보기창을 보면서 초점을 잘 맞출 수 있을 거예요.

브런치 :

휴일에는 많은 사람이 브런치를 즐깁니다. 쉬는 날 푹 자고 느긋하게 일어나서 근처 카페에서 식사도 하고 커피도 마시는 풍경은 익숙하지요. '브런치brunch'는 아침 식사를 뜻하는 'breakfast'와 점심 식사를 뜻하는 'lunch'를 합성한 말로 아침 겸 점심으로 먹는 식사를 뜻합니다. 아침 식사와 점심 식사를 합성한 '아점'이라는 말을 대신 사용할 수 있습니다. '어우르다'라는 순우리말을 사용하여 '어울참'이라고도 표현할 수 있습니다.

브런치 대신 아점, 어울참

☺ 우리 내일 언제 만날까?

😆 아점 먹기 좋은 11시에 만나자.

브이로그 :

이제는 유명인뿐만 아니라 누구라도 자신의 일상을 직접 찍은 동영상을 개인 블로그나 누리 소통망, 동영상 실시간 재생 사이트 같은 곳에 손쉽게 올립니다. 보통 이러한 영상을 '브이로그'라고 합니다. '비디오video'와 '블로그blog'가 합쳐진 말입니다. 일상을 기록하는 일기와 비슷한 개념이지요. 브이로그는 '영상 일기'라고 할 수 있습니다. 소중한 일상의 기록을 쉬운 말로 부르면 더 좋지 않을까요?

브이로그 대신 영상 일기

☺ 부모님 잘 지내시죠?

😆 요새 딸기 농사를 짓는 영상 일기를 만드는 데 푹 빠지셨어요.

브이알VR :

'브이알'은 컴퓨터 등을 이용해 인공적인 기술로 만들어 낸 현실로, 현실이 아닌 것을 마치 실제처럼 보이게 하는 기술을 뜻합니다. 박물관이나 전시관에서 이 기술을 활용해 직접 체험해 보는 다양한 프로그램을 운영하기도 합니다. 활용 범위가 점차 넓어지고 있는 브이알은 '가상 현실'이라고 하면 누구나 쉽게 알 수 있습니다.

브이알 대신 가상 현실

☺ 뭐 보고 있어요?

☺ 실제로 열차에 탄 느낌이 드는 가상 현실 영상이에요.

블라인드 채용 :

요즘은 기업이나 기관에서 직원을 채용할 때 블라인드 채용을 많이 합니다. 출신 지역이나 가족 관계, 학력, 외모 같은 요소가 자칫 선별 과정에서 불합리한 차별을 가져올 수 있다는 우려 때문입니다. 그래서 개인 정보를 제외하고 직무 능력을 중심으로 평가하는 채용 방식인 '블라인드 채용'이 늘어나는 추세입니다. 채용 과정에서 불공정한 요소를 없애는 채용 방식이어서 큰 호응을 얻고 있습니다. '블라인드blind'는 눈을 가리는 물건이라는 뜻도 있지만, 눈이 보이지 않는 사람이라는 뜻도 있습니다. 공정함을 추구하는 채용 방식을 가리키는 용어인 만큼, 그 뜻을 명확하게 드러내면서도 누구나 쉽게 알 수 있는 '정보 가림 채용'이라고 하면 더욱 좋겠지요?

블라인드 채용 대신 정보 가림 채용

☺ 이번에 정보 가림 채용을 하면 어떨까요?

😆 좋아요. 차별 없이 훌륭한 인재를 채용해 봅시다.

블라인드 티켓 :

대부분의 공연은 출연진을 공개한 다음에 표를 판매합니다. 하지만 출연진을 공개하지 않고 공연 장소와 시간 등만 알린 채 정해진 기간에 한정 수량으로 표를 판매하는 공연도 있습니다. 이런 표를 '블라인드 티켓'이라고 하지요. 출연진을 미리 알 수 없기 때문에 좋은 좌석도 할인된 가격으로 판매합니다. 관객 입장에서는 출연진을 모르는 상태에서 표를 사야 한다는 부담이 있지만, 할인 혜택을 받을 수 있다는 장점이 있습니다. 공연 주최 측은 배우보다는 작품 자체에 주목하게 만드는 효과가 있어 이런 방식으로 표를 판매한다고 합니다. 공연을 더 즐길 수 있도록 말도 쉽게 하면 어떨까요? 블라인드 티켓은 '출연진 미공개 할인표'라고 하면 쉽게 알 수 있습니다.

블라인드 티켓 대신 출연진 미공개 할인표

화제의 창작 연극, 출연진 미공개 할인표도 1분 만에 매진!

블랙 아이스:

겨울철 급격한 기온 차로 인해 도로 표면에 얇은 빙판이 만들어집니다. 이것을 '블랙 아이스'라고 합니다. 조심하지 않으면 큰 사고가 날 수 있습니다. 한번은 블랙 아이스를 조심하라는 고속도로 전광판 아래 '블랙 아이스는 도로 살얼음을 뜻한다'라고 적힌 설명을 보고 너무 화가 났다는 지인의 이야기를 들은 적이 있습니다. 찰나의 순간에 도로 전광판을 찬찬히 살펴보다가는 큰 사고로 이어질 수 있습니다. 그러니 불필요하게 외국어를 쓰고 그 말을 다시 설명하는 어처구니없는 일은 없어야겠습니다. 블랙 아이스는 '도로 살얼음'이라고 해야 합니다.

블랙 아이스 대신 도로 살얼음

⚠ 도로 살얼음 주의! 운전 조심하세요.

블랙 컨슈머 :

배달 앱이 활성화되면서 악의적인 후기를 남기는 사람들 때문에 피해를 보는 가게들이 생겨나고 있습니다. 뉴스에서도 이런 사례를 심심치 않게 볼 수 있지요. '블랙 컨슈머'는 구매한 상품에 문제가 있어 피해를 본 것처럼 꾸며 내어 악의적인 민원을 제기하거나 보상을 요구하는 소비자를 이르는 말입니다. 블랙 컨슈머라는 말로는 뜻을 쉽게 알기 어렵습니다. 블랙 컨슈머 대신 '악덕 소비자'라고 하면 어떨까요?

블랙 컨슈머 대신 악덕 소비자

😨 음식에서 이물질이 나왔다고 신고한 고객이 알고 보니 악덕 소비자였다고 해요.

😠 진짜 피해자와 악덕 소비자는 꼭 구별해야 해요.

블렌디드 러닝 :

'블렌디드 러닝'은 온라인 학습과 오프라인 학습의 장점을 결합한 학습 방식을 가리키는 말입니다. 그러나 블렌디드 러닝이라는 말로는 뜻을 알기가 매우 어렵습니다. 언젠가 학교 통신문에서 블렌디드 러닝이라는 말을 보았습니다. 학계와 교육 현장에서 이 말이 사용되다니, 적잖이 놀랐습니다. 학교는 학생들에게 큰 영향을 주는 공간인 만큼 불필요한 외국어를 사용하지 말아야 합니다. 블렌디드 러닝은 '온오프라인 혼합 교육', '온오프라인 연계 교육', '원격 및 등교 연계 수업' 등으로 바꾸어 쓸 수 있습니다.

블렌디드 러닝 대신 온오프라인 혼합 교육, 온오프라인 연계 교육, 원격 및 등교 연계 수업

☺ 학교 수업의 새로운 방식으로 원격 및 등교 연계 수업이 점점 확대되고 있어요.

😆 원격 수업과 등교 수업의 장점이 서로 잘 어우러지면 좋겠네요.

비건, 비건 베저테리언 :

요즘 건강을 생각해 채식을 하는 사람들이 늘고 있습니다. 특히 육류를 전혀 섭취하지 않는 사람들을 가리켜 '비건'이라고 합니다. 철저하게 채소, 과일, 해초 같은 식물성 음식만 먹는 채식주의자는 '비건 베저테리언'이라고 부릅니다. 건강이나 자신의 취향을 고려해 선택하는 식습관이지만, 다른 사람들도 바로 알아들을 수 있게 부른다면 더 좋겠지요. 비건은 '채식주의자', 비건 베저테리언은 '완전 채식주의자'라고 할 수 있습니다.

비건 대신 채식주의자,

비건 베저테리언 대신 완전 채식주의자

😮 채식주의자에도 여러 종류가 있어?

🙂 응, 가장 엄격하게 채식을 하는 사람은 완전 채식주의자라고 해.

빅 텐트

'빅 텐트'는 특정 이념이나 정치적 신념에 한하지 않고 여러 세력을 아우르는 연합체를 일컫는 말입니다. 정치 용어는 영미권에서 사용하는 비유적 표현을 그대로 가져다 쓰는 경우가 많습니다. 하지만 국민들에게는 생소한 말일 뿐입니다. 정치는 우리 삶에 중요한 요소이니 정치 용어는 누구나 쉽게 알 수 있어야 합니다. 빅 텐트는 '초당파 연합' 또는 '포괄 정당'이라고 할 수 있습니다.

빅 텐트 대신 초당파 연합, 포괄 정당

☺ 사회 통합을 위해 정치인들이 초당파 연합을 시작하기로 했다는 뉴스를 봤어요.

😆 반가운 소식이네요.

선루프 :

차를 타고 공기 좋은 시골길을 지날 때 창문을 열고 바람을 맞으면 기분이 참 좋아집니다. 차 창뿐 아니라 지붕에도 창문이 있으면 햇빛이나 바람이 더 잘 통하지요. '선루프'는 햇빛이나 바람이 차 안으로 들어오도록 여닫을 수 있는 승용차의 지붕에 달린 창문입니다. 선루프는 '지붕창'이라고 하면 알아듣기 쉽습니다.

선루프 대신 지붕창

🙂 어제 직접 운전한 거야?

😍 응, 지붕창을 열고 달리니까 햇빛과 바람이 느껴져서 참 좋았어.

선팅 :

햇볕이 뜨거운 날에 차를 타면 유리창으로 들어온 태양빛 때문에 다리는 뜨겁고 눈이 부셔서 앞을 보기 어렵습니다. 그래서 유리창에 어두운 필름을 붙이지요. '선팅'은 햇빛을 막으려고 창문이나 자동차 등의 유리창에 덧댄 검은색의 얇은 필름 또는 그런 필름을 덧대는 일을 가리킵니다. 자외선 차단, 시야 확보, 사생활 보호 때문에 필름을 덧대지요. 이미 익숙한 과정인 만큼 의미가 쉽게 드러나도록 선팅은 '빛 가림'이라고 하면 더 좋겠습니다.

선팅 대신 빛 가림

😮 창문 빛 가림을 너무 진하게 하면 안 돼요.

☹ 맞아요. 너무 진하게 하면 밤에 운전할 때 위험해요.

셀럽 :

최근 방송이나 기사에 '셀럽'이라는 말이 자주 등장합니다. 셀럽은 유명인을 뜻하는 'celebrity'를 줄인 말로, 우리말샘 사전에서는 '연예나 스포츠 같은 분야에서 인지도가 높은 유명 인사'라고 풀이하고 있습니다. '셀럽들이 사랑한 구두' 또는 '연예계, 정재계 셀럽들이 즐겨 마시는 음료'라고 하면 특별한 제품이라는 느낌을 받지요. 그래서 셀럽들이 이용하는 제품은 금방 유행이 되곤 합니다. 유명인들이 이용하는 특별하고 고급스러운 제품이라는 느낌을 내려고 말도 일부러 어렵게 쓰는 걸까요? 셀럽은 그냥 '유명인'이라고 하면 됩니다.

셀럽 대신 유명인

이 식당은 유명인들이 자주 와서 유명해졌다면서요?

아니에요. 개업한 지 얼마 안 됐을 때부터 사람들이 자주 찾던 곳이에요.

소프트 스킬:

조직 생활에서는 직무 능력이 중요하지만, 대인 관계에서 생기는 문제를 해결하는 능력도 중요합니다. 일은 혼자가 아닌 여러 사람과 함께 하는 것이기 때문입니다. '소프트 스킬'은 기업이나 조직에서 조직 구성원이 갖는 능력을 말합니다. 문제 해결, 의사소통, 협동성이 대표적입니다. 소프트 스킬은 지나치게 추상적인 표현입니다. 소프트 스킬 대신 '대인 관계 기술'이라고 하면 의미가 명확하게 드러납니다.

소프트 스킬 대신 대인 관계 기술

☺ 최근에는 일을 하는 데 필요한 감성 능력이 강조되고 있어요.

😆 맞아요. 특히 대인 관계 기술이 중요해요.

소프트 파워 :

외국 여행을 하다 보면 한류 열풍을 실감할 때가 많다는 이야기를 종종 듣습니다. 문화는 개인과 국가에도 큰 영향을 미치지요. '소프트 파워'는 정보 과학이나 문화 또는 예술 등을 통해 상대방에게 미치는 힘을 뜻합니다. 한류가 세계적으로 확산되고 있는 지금, 뜻을 알기 어려운 말 대신 쉬운 우리말을 사용하면 어떨까요? 소프트 파워는 '문화적 영향력'이라고 할 수 있습니다.

소프트 파워 대신 문화적 영향력

😉 지난주에 스페인에 갔는데 그곳에서도 한류 열풍을 실감했어요.

😍 우리나라의 문화적 영향력은 세계 최고 수준이라고 생각해요.

솔메이트 :

내 마음을 알아주고 생각이 잘 통하는 친구는 함께 있기만 해도 큰 힘이 됩니다. 그러한 영혼의 동반자와 같은 친구를 '솔메이트'라고 합니다. 우리말로 표현한다면 그 소중한 의미가 잘 전해질 텐데 외국어로 표현하니 아쉽습니다. 솔메이트 대신 '교감 친구', '참친구', '진짜 친구'로 부르면 어떨까요?

솔메이트 대신 교감 친구, 참친구, 진짜 친구

🙂 영수 씨의 교감 친구는 누구예요?

😆 초등학교 때부터 단짝이었던 진구라는 친구예요.

쇼룸

요즘에는 온라인으로 물건을 사는 사람들도 많지만, 우리 몸에 직접 닿는 이불 같은 생활용품이나 가구는 전시장에 진열된 제품을 직접 보고 사는 경우도 많습니다. 이처럼 제품을 전시한 공간을 흔히 '쇼룸'이라고 부릅니다. 이름처럼 쇼를 하는 장소라기보다 상품을 진열하거나 전시하는 곳을 뜻합니다. 쉽게 말해 '전시실', '체험 전시실'이라고 할 수 있습니다. 쇼룸 대신 '전시실'이라고 하면 누구나 쉽게 알 수 있지 않을까요?

쇼룸 대신 전시실, 체험 전시실

- 신상품은 어디에서 볼 수 있어요?
- 1층에 있는 전시실에서 볼 수 있습니다.

슈퍼 위크 :

대통령 선거가 다가오면 뉴스에서 '슈퍼 위크'라는 표현을 종종 듣게 됩니다. '대선 슈퍼 위크가 밝았습니다'와 같은 표현이지요. 선거는 온 국민의 관심이 쏠리는 만큼 누구나 알 수 있는 쉬운 표현을 사용해야 합니다. 슈퍼 위크는 매우 중요한 행사나 경기, 선거 따위를 치르는 주간을 이르는 말입니다. 또한 행사나 선거 등에 대한 관심이 절정에 이른 주간이라는 의미로도 사용됩니다. 슈퍼 위크 대신 '절정의 주간' 또는 '행사 주간'이라고 하면 어떨까요?

슈퍼 위크 대신 절정의 주간, 행사 주간

대선을 위한 절정의 주간이 밝았습니다.

스마트 셸터

최신 기술이 적용된 기능을 갖춘 사물이나 공간 등에는 '스마트'라는 말이 붙습니다. '스마트 셸터'는 사물 인터넷을 활용해 사용자 편의를 위한 다양한 기능을 구축해 놓은 공간을 가리킵니다. 그런데 스마트라는 말을 지나치게 광범위하게 쓰는 것은 아닐까요? 무분별한 외국어의 사용을 줄이고 쉬운 우리말로 부르면 더 구체적인 의미를 전달할 수 있습니다. 스마트 셸터는 '복합 기능 쉼터'라고 할 수 있습니다.

스마트 셸터 대신 복합 기능 쉼터

☺ 버스 정류장에 설치된 복합 기능 쉼터 보셨어요?

😮 네, 냉난방기뿐 아니라 공기 청정기까지 설치되어 있더라고요.

스마트 워크 :

코로나19는 일상의 많은 모습을 바꿨습니다. 특히 하루의 많은 시간을 보내는 학교와 직장에서의 일상을 크게 바꾸어 놓았지요. '스마트 워크'는 정보 통신 기술을 이용해 시간이나 장소의 제약 없이 업무를 수행하는 유연한 근무 형태를 가리킵니다. 스마트 워크라는 모호한 표현 대신 '원격 근무'라고 하면 뜻을 더욱 명확하게 알 수 있지 않을까요?

스마트 워크 대신 원격 근무

😆 회사에서 작년부터 전 직원을 대상으로 원격 근무 제도를 시행하고 있어요.

😉 장소의 제약이 없어 효율적이겠네요.

스마트 팜 :

농업에서도 정보 통신 기술을 활발히 활용하고 있습니다. '스마트 팜'은 정보 통신 기술을 접목한 농장을 뜻합니다. 비닐하우스나 유리온실, 축사 등에 정보 통신 기술을 활용해 원격이나 자동으로 작물과 가축의 생육 환경을 적정하게 유지하고 관리합니다. 온도나 습도 같은 다양한 요소들을 세밀하게 관리해 줘서 매우 유용하지요. 스마트 팜은 '지능형 농장'이라고 할 수 있습니다.

스마트 팜 대신 지능형 농장

🙂 요새 농사는 잘되고 있어요?

😆 첨단 기술을 적용한 지능형 농장을 도입해서 일손 걱정이 줄었어요.

스모킹 건 :

'스모킹 건smoking gun'은 직역하면 '연기 나는 총'이라는 뜻입니다. 이 말은 범죄를 해결할 수 있는 결정적이고 확실한 증거를 의미합니다. 영국 추리 소설 작가 아서 코넌 도일의 소설에서 유래한 말이라고 합니다. 그러나 우리나라 사건을 보도할 때는 의미를 알기 어려운 외국어를 쓸 필요가 없습니다. 스모킹 건은 '결정적 증거'라고 하면 쉽습니다.

스모킹 건 대신 결정적 증거

☹ 이번 사건을 해결할 방법이 있을까요?

☺ 녹취록이 사건의 결정적 증거가 될 거예요.

스카이라운지 :

고층 건물에서 바라보는 전경은 언제나 멋집니다. 낮에 보면 가슴이 뻥 뚫리고 밤에 보면 찬란한 야경에 빠지기도 합니다. 그래서 특별한 날에는 스카이라운지에 있는 식당을 예약하지요. '스카이라운지'는 높은 건물의 맨 위층에 있는 휴게실 또는 카페 같은 곳을 말합니다. 멋진 하늘을 더 가까이에서 볼 수 있는 곳이니 '하늘 쉼터', '전망 쉼터'라고 하면 좋겠습니다.

스카이라운지 대신 하늘 쉼터, 전망 쉼터

🙂 저기 보이는 고층 건물에 가 봤어요?

😍 네, 125층에 있는 전망 쉼터에 가 봤는데 야경이 정말 멋졌어요.

스쿨 존

어린이는 아직 키가 작고 시야가 좁아서 교통사고가 발생할 위험이 높습니다. 그래서 운전할 때 어린이들이 많이 다니는 곳은 더 주의해야 합니다. '스쿨 존'은 어린이를 교통사고의 위험에서 보호하고자 설정한 구역입니다. 주로 초등학교나 유치원 주변 도로에 구간을 설정해 자동차의 운행 속도나 통행을 제한합니다. 스쿨 존은 어린이를 보호하기 위한 구역인 만큼 쉬운 말을 사용해야 합니다. 스쿨 존 대신 '어린이 보호 구역'이라고 하면 쉽습니다.

스쿨 존 대신 어린이 보호 구역

⚠ 이곳은 어린이 보호 구역입니다. 시속 30킬로미터 미만으로 주행하시기 바랍니다.

스크린 도어 :

지금은 지하철 승강장에 문이 설치돼 사고가 많이 줄었지만, 예전에는 종종 승강장에서 사고가 발생했습니다. '스크린 도어'는 승강장과 전동차가 다니는 선로 사이를 차단하는 문입니다. 전동차가 정차를 해야 전동차 문과 함께 열립니다. 평상시에는 닫혀 있어 전동차 때문에 생기는 소음과 먼지를 줄일 수 있습니다. 무엇보다 승객이 선로에 떨어지는 사고를 방지할 수 있다는 점에서 꼭 필요한 장치입니다. 안전에 대한 인식을 높이기 위해서라도 스크린 도어 대신 '안전문'이라고 해야 합니다.

스크린 도어 대신 안전문

승객 여러분께서는 안전문이 모두 열린 후에 열차에 타시기 바랍니다.

스타트업:

정보 통신 기술이 날로 중요해지고 스마트폰이 보편화되면서 앱을 개발하는 작은 회사들이 많이 생겼습니다. 이 분야가 아니더라도 자신의 계획을 실현하고자 회사를 차리는 사람들도 많아졌습니다. '스타트업'은 혁신적인 기술과 생각을 바탕으로 개인이나 소수의 사람이 시작한 신생 기업을 뜻합니다. 신생 기업이 많은 국가일수록 미래가 밝습니다. 아무리 큰 기업도 신생 기업에서 시작됩니다. 창업 초기 단계의 무궁무진한 성장 가능성을 가진 회사라는 뜻에서 '새싹 기업' 또는 '창업 초기 기업'이라고 부르면 어떨까요?

스타트업 대신 새싹 기업, 창업 초기 기업

- 정부에서 새싹 기업을 위한 지원을 늘린다고 해요.
- 우리 회사도 지원을 받을 수 있는지 알아볼까요?

스토리보드 :

어느 날 서점에 갔다가 유명한 영화의 스토리보드 책을 보았습니다. 그 책에는 영화 속의 장면들이 그려져 있었고 간략한 내용이 적혀 있었습니다. 그게 신기해서 검색대에 '스토리보드'를 검색했더니 스토리보드 책이 여러 권 나왔습니다. '스토리보드'는 영상물을 제작하려고 이야기를 쉽게 파악할 수 있게 주요 장면을 그림으로 그리거나 중요한 사항을 적은 문서를 가리킵니다. 그 주요 내용을 그림으로 표현했다면 '그림 줄거리'로, 줄거리를 글로 적었다면 '이야기 판' 또는 '줄거리 판'으로 부를 수 있습니다.

스토리보드 대신

그림 줄거리, 이야기 판, 줄거리 판

🙂 작품을 쓰실 때 어떻게 하세요?

😌 우선 머릿속에 있는 생각을 그림 줄거리로 간단하게 정리해요.

스티어링 휠

초보 운전자에게 자동차 설명서는 어려운 전문 서적과 같습니다. 낯설고 어려운 용어가 많기 때문이지요. 자동차의 여러 기능을 확인하던 중에 '스티어링 휠의 기능 안내'라는 문구가 나왔습니다. 정작 스티어링 휠이 무엇인지 몰라 한참 헤맸지요. 스티어링 휠은 차량의 바퀴를 좌우로 움직여 차의 진행 방향을 바꾸는 둥근 모양의 조향 장치를 뜻합니다. 차를 조작하는 방법은 누구나 알 수 있는 쉬운 말로 설명해야 합니다. 스티어링 휠은 '운전대'입니다.

스티어링 휠 대신 운전대

차량 운전대에는 여러 기능이 연결되어 있습니다. 사용하기 전에 설명서를 꼭 확인하세요.

스파이웨어 :

개인 정보는 이름, 주민등록번호 처럼 개인 한 사람 한 사람을 나타내는 중요한 정보를 말합니다. 개인 정보가 유출되면 재산에 큰 피해를 입거나 정보를 도용당할 수 있습니다. '스파이웨어'는 다른 사람의 개인 정보를 몰래 빼내는 프로그램으로, 이렇게 빼낸 개인 정보를 이용한 범죄도 늘어나고 있습니다. 날로 새로워지는 온라인 범죄를 예방하고 대처할 수 있도록 쉽게 알 수 있는 말을 사용해야 합니다. 스파이웨어는 '정보 빼내기 프로그램'이라고 할 수 있습니다.

스파이웨어 대신 정보 빼내기 프로그램

⚠ 정보 빼내기 프로그램을 내려받으면 개인 정보가 유출되어 범죄에 악용될 수 있으니 조심해야 합니다.

스팸 메일

전자 우편을 확인할 때마다 광고 편지들을 지우느라 정작 중요한 편지는 늦게 확인하곤 합니다. 이러한 광고성 편지를 '스팸 메일'이라고 하지요. 스팸은 우리에게도 익숙한 미국의 통조림 햄 이름입니다. 이 통조림 햄 광고를 얼마나 많이 했던지 스팸 광고를 공해처럼 여기는 사람이 많아졌다고 합니다. 그 후 많은 사람에게 마구잡이로 보내는 광고성 전자 우편을 '스팸 메일'이라고 부르게 되었습니다. 스팸 메일은 버려야 할 쓰레기와 비슷하다고 해서 '쓰레기 편지' 또는 '공해 편지'라고 할 수 있습니다.

스팸 메일 대신 쓰레기 편지, 공해 편지

😮 중요한 편지가 와 있어요?

😠 아니요, 대부분 쓰레기 편지예요.

스포일러 :

영화나 드라마를 볼 때 반전이 주는 재미는 짜릿합니다. 반전을 미리 알면 재미는 반감될 수밖에 없습니다. 아직 그 작품을 보지 않은 사람에게 중요한 내용, 특히 반전 내용이나 결말을 알려서 작품을 보는 재미를 크게 떨어뜨리는 사람을 가리켜 '스포일러'라고 합니다. 그리고 그 행위를 '스포'라고 하지요. 이런 사람들에게 딱 맞는 우리말이 있습니다. 바로 '헤살꾼'입니다. 남의 일에 짓궂게 훼방을 놓는 사람을 뜻하는 순우리말이지요. 스포일러는 '헤살꾼', 스포는 '결말 누설'이라고 할 수 있습니다.

스포일러 대신 헤살꾼

😢 오늘 보기로 한 영화 내용을 은우가 다 말했어.

☹️ 은우는 정말 못 말리는 헤살꾼이라니까.

스피어 피싱 :

사기 수법이 점점 진화되고 있습니다. 특히 대상을 정해 놓고 벌이는 사기 범죄는 예방하기가 더 어렵습니다. 범죄자들이 미리 정보를 수집한 다음에 접근하기 때문입니다. '스피어 피싱'은 불특정 다수를 대상으로 하는 사기 전화와는 달리 특정 개인이나 회사를 대상으로 하는 사이버 사기 수법입니다. 특정 대상을 노리는 범죄 수법이 마치 작살spear로 낚시를 하는 모습과 같아서 붙여진 이름입니다. 더 교묘해지는 사이버 범죄를 예방하려면 사기 수법을 정확히 알고 있어야 합니다. 스피어 피싱은 '표적 온라인 사기'입니다.

스피어 피싱 대신 표적 온라인 사기

- 전자 세금 계산서 안내로 위장한 표적 온라인 사기 사례가 나왔대.
- 요새 표적 온라인 사기 범죄가 기승이네.

슬로푸드 :

숨 가쁘게 바쁜 일들을 처리하다 보면 식사를 제대로 챙기기가 어렵습니다. 간편식으로 식사를 때우는 일도 많지요. 건강을 생각하면 아무리 바쁘더라도 식사만큼은 정성이 담긴 음식을 먹어야겠지요. 슬로푸드는 패스트푸드와 반대되는 개념으로 시간을 두고 정성스럽게 만드는 음식을 뜻합니다. 그 뜻이 잘 드러나도록 슬로푸드 대신 '정성 음식'이라고 하면 어떨까요?

슬로푸드 대신 정성 음식

😌 아무리 바빠도 식사만큼은 여유롭게 즐기고 싶어.

🙂 나도 그렇게 생각해. 그래서 요즘에는 시간이 걸리더라도 정성 음식을 먹으려고 해.

싱크홀 :

몇 년 전에 한 영화를 봤습니다. 어렵게 장만한 집이 지하 500미터 아래로 뚝 떨어져 버리는 내용이었습니다. 다행히 모두 안전하게 구조되었지요. 영화여서 천만다행이지만 그래도 갑자기 땅이 내려앉을 수 있는 위험이 있다면 안내문을 세우고 관리해야 합니다. 이때 '싱크홀 주의'라고 쓰여 있다면 무엇을 조심해야 하는지 누구나 쉽게 알 수 있을까요? 생명을 위협하는 위험한 상황에서는 누구나 금방 알 수 있는 말을 사용해야 합니다. 싱크홀은 '땅 꺼짐'이라고 할 수 있습니다.

싱크홀 대신 땅 꺼짐

😮 어제 새벽에 ○○시 도로에 땅 꺼짐이 발생해서 승용차가 추락했다고 해요.

🥺 큰 피해가 없었으면 좋겠어요.

아웃도어 :

언젠가부터 일상에서 '아웃도어'라는 말을 많이 사용하고 있습니다. '아웃도어'는 방이나 건물의 바깥을 뜻하기도 하고, 등산이나 운동할 때 입는 옷을 뜻하기도 합니다. 때에 따라 다르게 쓰이는 말을 사용하기보다는 뜻이 명확하게 드러나는 말을 사용하면 소통이 더 쉬워지겠지요. 아웃도어는 쉬운 말로 '야외 활동'이나 '야외 활동 옷'이라고 할 수 있습니다.

아웃도어 대신 야외 활동, 야외 활동 옷

☺ 올해 어버이날 선물은 뭘 준비했어요?

😆 저희 부모님이 등산을 좋아하셔서 야외 활동 옷을 준비했어요.

아이오티IoT :

인터넷이 없는 생활은 이제 상상할 수 없습니다. 더욱이 '디지털 융합 혁명 시대'라고 할 수 있는 4차 산업 혁명 시대에서는 생활 가전제품에 인터넷이 더욱 많이 활용되어 '아이오티IoT'라는 말도 자주 사용합니다. 아이오티는 사물에 센서 등을 부착해 정보를 수집하고 관리할 수 있게 인터넷으로 연결된 시스템을 일컫는 말입니다. 주로 냉장고, 세탁기, 컴퓨터와 같은 모든 사물에 인터넷을 연결한다는 의미로 사용됩니다. 그러나 영어 약자로는 뜻을 알기 어렵지요. 아이오티 대신 '사물 인터넷'이라고 하면 더욱 쉽습니다.

아이오티 대신 사물 인터넷

- 4차 산업 혁명을 대표하는 게 뭘까요?
- 저는 사물 인터넷이라고 생각해요.

아카이브 :

지식 정보 사회에서 자료를 잘 정리하고 보관하는 일은 아주 중요합니다. 그 지식을 축적하고 전승하는 데 중요한 기초 자료가 되기 때문입니다. '아카이브'는 오랜 세월 동안 보존할 필요가 있는 중요한 자료를 모아 둔 보관 파일 또는 그 파일의 집합을 뜻합니다. 최근에는 인터넷에 방대한 양의 자료를 축적해서 공유하는 일이 활발해지고 있습니다. 아카이브는 '자료 보관소' 또는 '자료 곳간', '기록 보관소'와 같은 쉬운 말로 대신할 수 있습니다. 외래어를 대신할 수 있는 쉬운 말도 자료 보관소에 모으면 어떨까요?

아카이브 대신

자료 보관소, 자료 곳간, 기록 보관소

역사적 가치가 있는 기록물은 온오프라인 자료 보관소에 모아 둡니다.

아킬레스건 :

'아킬레스건'은 발뒤꿈치에 있는 힘줄을 가리키는 말입니다. 고대 그리스의 전설적인 영웅인 아킬레우스의 이야기에서 유래했습니다. '아킬레스건을 건드렸다', '약한 마음이 그의 아킬레스건이다'라는 말처럼 치명적인 약점이라는 뜻으로도 쓰입니다. 실제로 아킬레스건이 파열되면 극심한 통증 때문에 걸을 수도 없습니다. 비유적인 표현으로 사용할 때는 아킬레스건 대신 '치명적 약점'이라고 하면 뜻이 더욱 명확하게 드러나겠지요.

아킬레스건 대신 치명적 약점

😆 김 박사님이 드디어 백신 개발에 성공하셨대요!

😮 박사님의 고집스러움이 치명적 약점인 줄 알았는데, 오히려 포기할 줄 모르는 강점이 됐네요.

애니멀 호더 :

길거리에서 유기 동물을 보면 마음이 아픕니다. 먹을 걸 챙겨 주고 집에 데려와 보살펴 주고 싶기도 하지요. 그런데 간혹 자신이 보살필 수 있는 능력을 넘어서면서까지 유기 동물을 데려오는 사람이 있습니다. 또는 자신이 키우는 동물이 새끼를 낳아 함께 사는 동물의 수는 많아지는데 제대로 보살피지 않는 사람도 있지요. 그것 말고도 동물을 수집하는 행위에 가깝게 그 수를 늘리는 데 집착하는 사람도 있습니다. '애니멀 호더'는 동물 모으기에는 지나치게 집착하나 기르는 일에는 무관심하여 방치하는 사람을 가리키는 말입니다. 이런 사람들의 행위는 동물 학대에 해당하지요. 뜻이 모호한 애니멀 호더 대신 '동물 수집꾼'이라는 명확한 용어를 사용해 경각심을 높여야겠습니다.

애니멀 호더 대신 동물 수집꾼

😠 동물을 키우면서 의무와 책임을 다하지 않는 사람들은 동물 수집꾼에 불과해.

😑 그런 사람들은 법적으로 처벌을 받을 수도 있어.

애슬레저 :

최근 몇 년 사이에 운동복과 일상복 사이의 경계가 허물어져서 운동을 하지 않을 때도 운동복을 입곤 합니다. 이처럼 가벼운 운동을 하기에 적합하면서 일상복으로도 편히 입을 수 있는 옷을 '애슬레저'라고 합니다. 일상복으로 편하게 입는 옷을 뜻하는 말이니 말도 쉽게 하면 어떨까요? 애슬레저 대신 '일상 운동복'이라고 할 수 있습니다.

애슬레저 대신 일상 운동복

☺ 새로 산 일상 운동복이야. 어때?

😮 되게 편해 보인다. 나도 사고 싶네.

언박싱 :

상품을 주문한 순간부터 얼른 택배가 오기를 기다렸던 적이 있나요? 이럴 때는 상자를 여는 순간도 특별한 시간이 됩니다. 특히 오랫동안 고민하고 또 고민해서 산 상품이라면 상자를 열어 보는 순간이 더욱 설레지요. 인터넷에서 새 제품의 상자를 여는 일명 '언박싱' 영상을 쉽게 볼 수 있습니다. 상자를 여는 일을 가리켜 언박싱이라고 하지요. 언박싱은 '개봉' 또는 '개봉기'라고 할 수 있습니다. 개봉기라는 쉬운 말을 쓰면 설렘도 더욱 잘 전달되지 않을까요?

언박싱 대신 개봉, 개봉기

😆 오늘은 접이식 자전거 택배 상자 개봉기 영상을 보여 드릴게요.

😉 기대되네요.

언택트

최근 들어 '언택트 서비스', '언택트 채용', '언택트 교육', '언택트 회의' 같은 말을 자주 씁니다. '언택트'는 첨단 기술을 활용해 사람과 사람의 접촉을 최소화하는 방식입니다. 이 말은 접촉한다는 뜻의 영어 '콘택트contact'에 부정이나 반대를 뜻하는 '언un-'을 붙여 우리나라에서 만든 신조어입니다. 과학 기술의 발달과 디지털 환경에 익숙한 세대가 많아지면서 비대면 방식이 더욱 증가할 것입니다. 뜻을 정확히 알기도 어렵고 올바른 영어 표현도 아닌 언택트 대신 '비대면'을 사용하면 의미가 더욱 분명해집니다.

언택트 대신 비대면

오늘부터 모든 회의를 비대면으로 진행하겠습니다.

얼리 어답터 :

신제품을 살까 말까 고민될 때가 많지요? 그럴 때는 그 제품을 먼저 사용해 보고 이런저런 정보를 공유해 주는 사람들에게 많은 도움을 받습니다. '얼리 어답터'는 새로운 제품을 다른 사람보다 먼저 구매하는 사람 또는 그 제품을 사용하고 나서 주변 사람들에게 제품 평가를 남기는 소비자를 일컫는 말입니다. 쉬운 말을 사용하는 데도 얼리 어답터가 되어 보면 어떨까요? 얼리 어답터는 '앞선 사용자'라고 할 수 있습니다.

얼리 어답터 대신 앞선 사용자

😆 이번에 새로 나온 휴대 전화를 구입했는데 너에게 꼭 필요한 기능이 있더라.

😮 역시 넌 앞선 사용자야.

업사이클링 :

지구의 환경 문제가 전 세계의 관심사로 떠오르고 있습니다. 그래서인지 환경을 보호하고자 중고품을 새로 활용하는 일이 각광을 받고 있습니다. 이를 '업사이클링'이라고 합니다. 업사이클링은 재활용할 수 있는 옷 등을 손질하여 디자인을 새롭게 하거나 새로운 기능을 더해 가치를 높이는 일을 뜻합니다. 지구 환경도 지키고 중고품도 새롭게 바꿀 수 있어 일석이조입니다. 더 많은 사람이 동참해야 할 환경 운동인데 용어가 어렵습니다. 업사이클링 대신 '새 활용'이라고 하면 어떨까요? 어떤 물건이든 버리기 전에 새 활용할 수 있는 방법을 찾아보면 좋겠습니다.

업사이클링 대신 새 활용

🙂 이 가방은 폐그물로 만든 거예요.

😍 와, 폐그물을 멋지게 새 활용했네요.

에이알AR :

몇 년 전 포켓몬을 잡는 게임이 유행했습니다. 집, 길거리, 상가 어디에서나 휴대 전화를 켜면 내가 있는 공간에 포켓몬이 보였지요. 마치 실제로 같은 공간에 있는 듯 느껴졌습니다. 이런 기술을 '에이알'이라고 합니다. 실제 환경에 가상의 사물이나 정보를 덧입혀서 마치 실제로 존재하는 것처럼 보이게 만드는 컴퓨터 그래픽 기술이지요. 영화에서 특수 안경을 쓰고 앞에 서 있는 사람을 보면 그 사람의 정보가 나오는 장면을 본 적 있지요? 이런 장면도 에이알의 한 예입니다. 앞으로 더 다양한 분야에서 활용될 기술이지요. 그러니 뜻을 쉽게 알 수 있도록 '증강 현실'이라고 하면 좋겠습니다.

에이알 대신 증강 현실

😌 증강 현실은 우리의 눈에 보이는 현실 세계에 가상의 현실을 보여 주는 기술이라고 해요.

😆 와, 정말 신기해요.

에이아이AI :

2016년 3월, 이세돌 9단과 인공 지능 바둑 프로그램인 알파고의 대결이 있었습니다. 결과는 알파고의 승리였지요. 그때만 해도 사람들은 충격을 받았지만 에이아이 시대를 체감하지는 못했습니다. 그런데 챗GPT의 등장으로 본격적인 에이아이 시대가 왔음을 실감하고 있습니다. '에이아이'는 인간의 지능이 가지는 학습, 추리, 적응, 논증 등의 기능을 갖춘 컴퓨터 시스템을 가리킵니다. 쉽게 말해 '인공 지능'이라고 할 수 있습니다. 이제는 말을 하는 인공 지능의 등장으로 이 기술을 이용하는 사람들의 숫자가 폭발적으로 늘고 있습니다. 우리 생활에 더욱 가까워지는 만큼 쉬운 말을 사용할 필요가 있습니다.

에이아이 대신 인공 지능

- 저는 인공 지능 기술이 적용된 가전제품을 쓰고 있어요.
- 우리는 생활 속에서 인공 지능과 공존한다고 해도 과언이 아니네요.

에코티어링 :

요즘에는 나침반을 이용해 길을 찾아가는 일이 거의 없습니다. 휴대 전화나 길 안내기가 가야 할 경로를 빠르게 알려 주기 때문이지요. 그런데 자연 속에서 지도와 나침반으로 길을 찾는 재미난 활동이 있습니다. '에코티어링'은 지도와 나침반으로 목적지를 찾으면서 탐방하고 생태와 관련한 과제를 수행하는 활동을 말합니다. 생태라는 의미의 '에콜로지'와 지도로 목적지를 찾는 게임인 '오리엔티어링'의 합성어입니다. 단순히 생태를 관찰하는 활동을 벗어나 생태를 탐험하며 재미있는 과제를 해결하기 때문에 더욱 생동감 있는 활동이지요. 에코티어링 대신 '생태 탐험'이라고 하면 더 많은 사람이 참여하지 않을까요?

에코티어링 대신 생태 탐험

○○군에서는 생태 공원 조성을 기념하여 생태 탐험 프로그램을 운영합니다.

엑셀러레이터 :

자동차에는 두 개의 페달이 있습니다. 엑셀러레이터와 브레이크입니다. 브레이크를 밟아야 하는 순간에 엑셀러레이터를 밟는다면 어떻게 될까요? 상상만 해도 아찔합니다. 엑셀러레이터는 자동차를 달리게 하는 자동차의 가속 장치를 이르는 말입니다. 종종 새싹 기업의 성장을 가속화하는 기관이라는 뜻으로도 쓰입니다. 새로 시작하는 기업이 잘 성장할 수 있도록 돕는 기관이나 프로그램 등이 모두 포함됩니다. 이 경우 엑셀러레이터는 '육성 기관' 또는 '육성 프로그램'이라고 할 수 있습니다.

엑셀러레이터 대신 육성 기관, 육성 프로그램

😊 앞으로 어떤 지원이 더 필요할까요?

😉 창업 초기 기업을 지원하는 육성 기관들이 협업하여 새로운 육성 프로그램을 만들어야 해요.

엘리베이터 피치 :

자신이 하려는 말을 인상적인 한 문장으로 설명하는 능력은 매우 중요합니다. 특히 면접을 보거나 짧은 시간에 고객의 마음을 사로잡아야 하는 경우라면 더더욱 요점만 간결하고 인상적으로 말해야 합니다. 누리소통망 시대가 되면서 짧은 순간에 사람들의 시선과 마음을 사로잡는 게 더욱 중요해지고 있습니다. '엘리베이터 피치'는 승강기를 타고 다른 층으로 이동하는 정도의 짧은 시간에 제품이나 서비스, 계획 등을 설명하는 것을 뜻합니다. 어려운 말은 이해하는 데 시간이 많이 걸립니다. 짧고 간결하게 요점을 전달하는 말하기! 엘리베이터 피치 대신 '요점 전달'은 어떨까요?

엘리베이터 피치 대신 요점 전달

😊 30초간 요점 전달을 할 수 있는 요령을 알려 주세요.

😌 전달하고 싶은 내용을 먼저 정리하고 최대한 짧게 요약해 보세요.

엠오유[MOU]

기관 간의 협약을 맺을 때 '엠오유를 체결한다'는 표현을 많이 씁니다. '엠오유'는 'Memorandum of Understanding'의 약자로 정식 계약을 맺기 전에 조직 간에 양해할 사항을 확인하는 문서라고 할 수 있습니다. 뜻을 알기 어려운 약자 대신 쉽게 알 수 있는 우리말을 사용하면 더욱 좋겠지요? '업무 협약', '양해 각서'로 말이에요. 쉬운 말을 쓰면 복잡한 협약 과정도 조금은 편해지지 않을까요?

엠오유 대신 업무 협약, 양해 각서

두 기관은 한글의 우수성을 세계에 알리기 위한 여러 사업을 함께 수행하고자 업무 협약을 체결합니다.

예스 펫

반려동물과 함께 지내는 사람들이 많아지면서 반려동물이 함께 입장할 수 있는 공간도 늘고 있습니다. '예스 펫'은 반려동물이 함께 들어올 수 있는 곳을 가리킵니다. 하지만 모든 사람이 동물을 좋아하지는 않습니다. 반려동물을 키우지 않는 사람도 이곳에 동물이 있을 수 있다는 점을 미리 알 수 있도록 쉬운 말을 사용해야 합니다. 예스 펫은 '반려동물 출입 가능'이라고 할 수 있습니다.

예스 펫 대신 반려동물 출입 가능

☺ 길 건너편에 반려동물 출입이 가능한 식당이 생겼대요.

😆 주말에 가 봐야겠어요.

오픈 런

'김치 오픈 런'. 한 기사 제목에서 본 표현입니다. 기사를 다 읽고 나서야 김치를 사려고 줄을 선 현상을 가리키는 말이라는 사실을 알게 되었습니다. 가게 문을 열기 전부터 고객들이 줄을 서서 기다리는 장면은 상상만 해도 든든하고 훈훈합니다. 국립국어원의 우리말샘 사전은 '오픈 런'을 '매장이 열리기 전부터 기다리다 문이 열리자마자 달려가 물건을 사는 현상을 이르는 말'이라고 풀이하고 있습니다. '김치 오픈 런' 대신 '줄 서서 사는 김치'라고 하면 어떨까요? 오픈 런은 '구매 줄', '개장 질주', '개점 질주' 등으로 바꾸어 쓸 수 있습니다.

오픈 런 대신 구매 줄, 개장 질주, 개점 질주

☺ 이른 시간부터 구매 줄이 길게 늘어서 있네요.

☺ 어떤 날은 개장 질주하는 모습도 볼 수 있어요.

오픈 런:

'오픈 런'은 다른 의미로 사용되기도 합니다. 바로 '대학로 오픈 런 활발' 같은 말입니다. 이때 사용된 '오픈 런'은 관객들의 호응이 높아 폐막 날짜를 정해 놓지 않고 무기한으로 상영하거나 공연하는 일을 뜻합니다. 관객들의 사랑을 많이 받을수록 공연이 몇 달에서 몇 년 동안 지속되기도 하는데, 이는 '상시 공연'이라고 할 수 있습니다. 상시 공연하는 좋은 작품을 누구나 쉽게 알고 찾아볼 수 있도록 오픈 런 대신 '상시 공연'이라고 하면 어떨까요?

오픈 런 대신 상시 공연

😍 8월 상시 공연 작품 중에 꼭 보고 싶었던 작품이 있어요.

🙂 같이 가서 봐요.

오픈 액세스 :

지금은 지식을 서로 공유해서 새로운 것을 만들어 내는 세상입니다. 지식의 공유가 활발해지면서 학술 정보에 접근하는 일도 쉬워지고 있습니다. '오픈 액세스'는 이용자가 온라인에서 재정적·법률적·기술적 장벽 없이 학술 정보를 검색하고 복제 또는 인쇄를 하거나 보급할 수 있도록 공유하는 서비스를 일컫는 말입니다. 지식을 널리 알리려면 먼저 쉽고 명확한 용어를 써야 하지 않을까요? 오픈 액세스는 '개방형 정보 열람'이라고 할 수 있습니다.

오픈 액세스 대신 개방형 정보 열람

우리 도서관에서는 개방형 정보 열람 서비스를 제공하고 있습니다.

워라밸 :

우리는 일하는 것 못지않게 일상 생활도 잘 가꾸고 보내야 합니다. '워라밸'은 'work, life, balance'의 앞 음절을 따서 만든 말입니다. 여기에는 일과 삶이 균형을 이루어야 삶의 질을 높일 수 있다는 생각이 담겨 있습니다. 누구나 삶의 질을 높여야 하듯이 누구나 알 수 있는 말로 '일과 삶의 균형', '일삶 균형'과 같이 쓰면 어떨까요? 삶의 질을 높이려면 무엇이 균형을 이루어야 하는지 쉬운 말로 표현해야 잘 알 수 있습니다.

워라밸 대신 일과 삶의 균형, 일삶 균형

우리 회사는 일과 삶의 균형을 이루고자 모든 직원을 대상으로 탄력 근무제를 적용하고 있습니다.

워크 셰어링 :

공유는 전 세계에서 중요한 가치로 떠오르고 있습니다. 주변에서도 공유 사무실, 공유 차량, 공유 작업실 등을 흔히 볼 수 있지요. 최근 많은 사람이 공유 경제에 관심을 가지면서 '워크 셰어링'이라는 말도 생겼습니다. 이때 셰어링은 '공유 서비스', '나누기'를 뜻합니다. 워크 셰어링은 '일자리 나누기'라고 하면 쉽습니다.

워크 셰어링 대신 일자리 나누기

☹ 불황기에 직원을 해고하지 말고 일자리 나누기를 해서 근무 시간을 줄이고 임금을 조정하면 어떨까요?

☺ 그것도 하나의 방법이네요.

워킹 스루 :

코로나19가 한창 기승을 부릴 때 서울의 한 병원은 워킹 스루 진료소를 운영했습니다. '워킹 스루'는 건물 안에 들어가지 않고 별도로 마련된 곳으로 걸어가서 용무를 보는 방식을 가리킵니다. '워킹 스루 예비 소집', '워킹 스루 진료소'와 같이 많이 쓰입니다. 하지만 워킹 스루라는 말로는 뜻을 알기가 매우 어렵습니다. 워킹 스루 대신 '도보 이동형', '도보형' 또는 '걸어서 이동'이라고 하면 어떨까요?

워킹 스루 대신

도보 이동형, 도보형, 걸어서 이동

중학교 예비 소집은 도보형으로 진행됩니다. 학생들은 본관 현관으로 와 주시기 바랍니다.

웜업

요즘에는 머리를 손질하는 기기가 많아서 집에서도 다양한 머리 연출을 할 수 있습니다. 저도 집에서 편하게 머리를 손질하고 싶어 기기를 샀습니다. 기기의 설명서에는 '사용하기 전에 웜업하십시오'라고 적혀 있었습니다. 저는 '웜업'의 뜻을 바로 이해하지 못해 설명서를 여러 번 살펴봤습니다. 알고 보니 '예열'과 같은 말이었습니다. 웜업 대신에 '예열'이라고 하면 더 쉽습니다.

웜업 대신 예열

⚠ 기기를 작동하기 전에 예열하십시오.

웨비나

이제 비대면 강의, 비대면 회의처럼 서로 만나지 않고도 많은 일을 진행할 수 있습니다. 토론도 마찬가지입니다. 그래서 등장한 말이 '웨비나'이지요. '웨비나'는 웹사이트에서 진행되는 세미나를 이르는 말입니다. 비대면 토론회는 앞으로 더욱 활발해질 전망입니다. 웨비나는 '화상 토론회'라고 하면 그 뜻이 더 명확히 전달됩니다.

웨비나 대신 화상 토론회

😌 화상 토론회는 공간의 제약이 없고 비용을 줄일 수 있어서 좋아요.

🙂 맞아요. 참여하기도 편하더라고요.

인센티브 :

기업에서는 직원들의 의욕을 끌어올리려고 인센티브를 주곤 합니다. 인센티브를 받은 직원은 더 좋은 성과를 내려고 노력하니 기업에게도 직원에게도 긍정적인 영향을 줄 수 있습니다. '인센티브'는 사전에서 '어떤 행동을 하도록 사람을 부추기는 것을 목적으로 하는 자극'이라고 풀이하고 있습니다. 직장인에게 인센티브는 성과에 따라 받는 금전적 보상이라는 의미로 사용됩니다. 이 경우 인센티브는 '성과급', '보상'이라고 할 수 있습니다. 연말에 기분 좋은 보상이 기다리고 있다면 모두 정말 열심히 일하겠지요?

인센티브 대신 성과급, 보상

😉 김 대리, 올해 좋은 성과를 냈으니 성과급을 기대해 봐도 좋겠어.

😆 고맙습니다.

인저리 타임

손에 땀을 쥐게 하는 축구 경기가 있습니다. 상대 팀과 동점인 채로 경기 후반 45분이 다 지났을 때이지요. 이때 추가로 주어지는 2~3분은 천금 같은 시간입니다. 더욱이 이 시간에 득점을 한다면 본경기에서 이긴 것보다 더욱 기쁘겠지요. 이렇게 추가로 주어지는 시간을 보통 '인저리 타임'이라고 합니다. 축구 경기에서 선수 부상이나 선수 교체 또는 반칙 등으로 지체된 시간을 보충하고자 추가로 주어지는 시간을 뜻합니다. 인저리 타임은 '추가 시간'이라고 할 수 있습니다.

인저리 타임 대신 추가 시간

어제 손흥민 선수 경기 봤어요?

추가 시간에 나온 득점이 짜릿했어요.

정크 푸드

바쁜 생활 속에서 식사를 제대로 챙기기란 쉽지 않습니다. 보통 그럴 때 빠르고 간편하게 먹을 수 있는 정크 푸드의 유혹을 뿌리치기 힘듭니다. '정크 푸드'는 열량은 높지만 영양가는 낮은 즉석식품을 가리키는 말입니다. 이런 음식은 지방이나 염분 등이 많이 들어가 있어 비만의 원인이 됩니다. 영양가가 부실한 음식이라는 뜻을 담아 정크 푸드 대신 '부실 음식', '부실 식품'이라고 하면 어떨까요? 아무리 바빠도 부실 음식을 먹기보다는 건강을 고려한 식사를 해야겠습니다.

정크 푸드 대신 부실 음식, 부실 식품

- 아무리 시간이 없어도 영양가 높은 음식을 먹어야 해요.
- 네, 부실 식품을 자주 먹으니 소화가 잘 안 되네요.

제네릭 :

의약품 관련 뉴스를 보면 '제네릭'이라는 용어가 자주 등장합니다. '제네릭'은 특허가 만료된 원래 의약품의 공개된 기술로 만든 복제약입니다. 복제약이라고는 해도 엄격한 품질 심사를 거쳐 식품의약품안전처의 인정을 받은 의약품이지요. 앞으로 국내외에서 제네릭 시장은 더욱 성장할 전망입니다. 의약품은 국민 건강과 밀접한 관련이 있으니 말도 더욱 쉽게 사용해야 합니다. 제네릭 대신 '복제약'이라고 하면 어떨까요?

제네릭 대신 복제약

🙂 국내 제약 회사가 먹는 코로나 치료제 복제약을 생산하기로 했대요.

😆 반가운 소식이네요.

제로 웨이스트 운동 :

우리가 편하다는 이유로 별생각 없이 사용하는 일회용품 때문에 지구 환경은 더 빠르게 나빠지고 있습니다. 더 늦기 전에 지구 환경을 지키기 위해 노력해야 합니다. 일회용 컵 대신 보온병이나 재사용할 수 있는 컵을 사용하고, 장을 볼 때 장바구니를 가져가면 쓰레기를 줄일 수 있습니다. 이런 운동을 '제로 웨이스트 운동'이라고 합니다. 간단히 말해 쓰레기를 줄이는 운동입니다. 어려운 제로 웨이스트 운동이라는 말 대신 '쓰레기 없애기 운동'이라고 하면 어떨까요?

제로 웨이스트 운동 대신 쓰레기 없애기 운동

우리 매장은 쓰레기 없애기 운동에 동참하고자 과도한 포장재를 사용하지 않습니다.

체크리스트 :

작은 행사이든 큰 행사이든 행사의 생명은 철저하고 세심한 준비입니다. 특히 중요한 행사에서는 작은 실수도 하면 안 됩니다. 행사에 필요한 사항을 하나하나 적어 둔다면 실수를 줄일 수 있습니다. '체크리스트'는 어떠한 일을 하거나 행사 등을 진행할 때 준비 사항을 잊지 않도록 적어 놓는 목록을 뜻합니다. 누구든 꼼꼼하게 일을 처리하려면 중요한 사항을 적고 하나하나 점검해야 합니다. 체크리스트 대신 '점검표'라는 말을 더욱 추천합니다.

체크리스트 대신 점검표

☺ 꼼꼼하게 점검표를 작성한 덕분에 이번 행사가 순조롭게 진행되었어요.

☺ 점검표 작성이 정말 중요해요.

치팅 데이 :

남녀노소를 막론하고 다이어트에서 자유로운 사람은 많지 않습니다. 다이어트 때문에 먹고 싶은 음식을 마음껏 먹지 못하는 상황은 너무 힘들지요. 아무리 다이어트를 한다고 해도 한 달에 하루 정도는 먹고 싶은 음식을 실컷 먹어야 지치지 않고 다이어트를 할 수 있습니다. 그래서 '치팅 데이'가 필요합니다. '치팅 데이'는 다이어트 기간 중 먹고 싶은 음식을 마음껏 먹는 날을 일컫지요. 더 쉽고 재미있는 말로 '먹요일'이라고 할 수 있습니다. 월요일, 화요일, 수요일, 목요일, 금요일, 토요일 다음에 '먹요일'이 있다면 힘낼 수 있지 않을까요?

치팅 데이 대신 먹요일

오늘은 먹요일이니까 다섯 끼는 먹을 거야.

너무 무리하지는 마.

카 셰어링 :

요즘에는 차를 사지 않고 필요할 때마다 빌려서 쓰는 사람이 많습니다. 갑자기 차가 필요할 때 도움을 얻을 수 있어 편리하지요. 이를 '카 셰어링'이라고 합니다. 한 대의 차를 여러 사람이 함께 쓰는 일을 뜻합니다. 이때 셰어링은 '공유 서비스'를 뜻하는 말로 사용됩니다. 카 셰어링은 '자동차 공유 서비스'라고 하면 쉽습니다.

카 셰어링 대신 자동차 공유 서비스

☺ 자동차 공유 서비스를 이용하는 직장인이 늘고 있대요.

😆 저도 이용하고 싶어요.

캐스팅 보트 :

선거 때가 되면 "○○ 지역이 캐스팅 보트를 쥐고 있다"라는 말을 자주 듣습니다. 우리나라는 전통적으로 충청도가 캐스팅 보트 지역이라고 말하는 사람이 많습니다. '캐스팅 보트'는 투표가 동률일 때 승패를 결정지을 수 있는 한 표를 의미합니다. 총선이나 대선처럼 중요한 선거에서 자주 사용되는 용어이니 쉬운 말을 쓰면 좋겠습니다. 캐스팅 보트는 '결정권' 또는 '결정표'라고 하면 쉽습니다.

캐스팅 보트 대신 결정권, 결정표

☺ 이번 선거 결과가 어떻게 나올까요?

☺ 이번 선거에서는 결정권을 쥔 제3세력이 부상하지 않을까요?

커미션 :

다른 사람의 전문 영역이나 지적 소유물을 이용하려면 그에 맞는 대가를 지불해야 합니다. 이런 경우에 '커미션'이라는 말을 씁니다. 커미션은 어떤 일을 수행한 대가로 주는 요금을 뜻합니다. 대표적인 예로 부동산에서 소개받은 집으로 이사를 할 때 부동산에 지불하는 소개 수수료를 들 수 있습니다. 이를 누구나 쉽게 알 수 있는 말로 '수수료'라고 할 수 있습니다.

커미션 대신 수수료

😉 창작물을 사용하려고 수수료를 지불했어도 저작권은 창작자에게 있다는 사실을 꼭 기억하세요.

🙂 네, 알겠습니다.

코드 인사

뉴스나 정치 토론 프로그램 등에서 '코드 인사'라는 말을 자주 접합니다. '코드 인사'는 임명권자가 자신과 같은 성향을 가진 사람을 임용하는 일을 말합니다. 적임자가 아니라 임명권자의 사적 관계나 이해관계에 따라 사람을 임용한다고 해서 비판을 받습니다. 이를 쉽게 드러내는 표현으로 '편향 인사', '성향 인사'라고 할 수 있습니다. 편향 인사나 성향 인사를 가능하면 하지 않는 정권이 좋은 정권이겠지요?

코드 인사 대신 편향 인사, 성향 인사

☺ 지도자가 꼭 기억해야 할 점은 무엇일까요?

😆 측근을 선발하는 편향 인사를 멀리하고 인재를 공정하게 선발해야 해요.

코스터

온라인에서 책을 주문하니 사은품 목록에 코스터가 있었습니다. 얼핏 봐서는 어떤 물건인지 알 수 없었습니다. '코스터'는 같은 섬이나 대륙에 있는 지역들 사이의 무역에 사용되는 얄팍한 선체의 배를 뜻하는 말입니다. 요즘에는 컵 밑에 받치는 물건을 가리키기도 합니다. 이 경우 코스터 대신 '컵 받침'이라고 하면 누구나 쉽게 알 수 있습니다. 가볍게 주스 한 잔을 마시더라도 이왕이면 컵 받침에 받쳐서 마시면 기분이 더 좋지 않을까요?

코스터 대신 컵 받침

☹ 컵 받침이나 일회용품처럼 자잘한 물건을 대수롭지 않게 가져가는 손님들 때문에 고민이에요.

☺ 계산대 앞에 안내문을 붙이는 게 어때요?

코워킹 :

요즘은 그때그때 필요한 사람들이 한데 모여 일을 하는 경우가 많습니다. 가장 대표적인 경우가 드라마나 영화를 제작할 때입니다. 작품 한 편을 찍을 때마다 감독, 배우, 작가, 제작진이 하나의 팀을 꾸립니다. 이때 '코워킹'이라는 말을 많이 쓰는데, '함께co-'와 '일하다working'의 합성어입니다. 여러 분야의 사람들이 모여 서로 협력해서 하는 일을 뜻하지요. 코워킹은 '협업' 또는 '공동 작업'이라고 할 수 있습니다. 또한 '코워킹 스페이스'는 '공유 작업 공간' 또는 '공동 작업 공간'이라고 하면 훨씬 쉽습니다.

코워킹 대신 협업, 공동 작업

😆 이번 일은 협업했더니 매우 효율적이었어요.

😉 여러 분야의 사람들이 서로 협력한 모범 사례예요.

코호트 격리

불과 몇 년 전까지만 해도 우리는 전염병의 심각성을 크게 느끼지 못했습니다. 전염병 때문에 지역이 봉쇄된다는 건 상상조차 할 수 없었지요. 하지만 코로나19를 겪으면서 '격리', '봉쇄 조치'라는 말도 어느덧 익숙해졌습니다. 특히 '코호트 격리'란 감염 질환 등을 막으려고 감염자가 발생한 시설을 일괄적으로 봉쇄하는 조치를 가리킵니다. 즉, 감염자가 발생한 곳의 환자와 의료진을 모두 동일 집단으로 묶어 전원 격리해서 감염병 확산 위험을 줄이는 방식입니다. 코호트 격리는 '동일 집단 격리'라고 말하면 이해하기 쉽습니다.

코호트 격리 대신 동일 집단 격리

- 동일 집단 격리는 어떤 기준으로 설정하나요?
- 감염원의 전파 방식 등에 따라 임상 진단 결과나 미생물학적 검사 결과를 바탕으로 설정합니다.

콘택트 포인트

"이 일을 진행하려면 그 회사의 콘택트 포인트를 찾아야 해." 예전에 어떤 일을 추진하면서 들은 말입니다. 당시 대화의 흐름으로 콘택트 포인트의 뜻을 어렴풋이 짐작해야 했습니다. '콘택트 포인트'는 원래 당구 용어로, 수구로 목적구를 타격할 때 수구와 목적구 사이의 접촉점을 뜻합니다. 그러나 영업 분야에서는 고객이나 거래처의 연락처라는 의미로도 사용됩니다. 이때 콘택트 포인트는 '연락처'라고 쉽게 말할 수 있습니다. 굳이 어려운 말을 써서 원활한 소통을 방해할 필요는 없겠지요?

콘택트 포인트 대신 연락처

🙂 유 과장님, 고객들의 연락처 명단은 작성했나요?

😉 네, 여기 있습니다.

콜드 게임 :

야구 중계에서 "콜드 게임으로 이겼다"라는 말을 씁니다. '콜드 게임'은 일반적으로 야구에서 5회 이상의 경기를 마치고 나서 불가피한 이유로 경기를 할 수 없을 때 심판이 경기를 중단하고, 그때까지의 득점으로 승부를 결정하는 게임을 가리킵니다. 비전문가 경기에서는 경기 중반 이후에 점수 차가 크게 나면 승패를 뒤집을 수 없다고 보고 종료를 선언하는 게임을 일컫기도 합니다. 경기 도중에 승패를 결정짓게 된다는 뜻이므로, '도중 결판'이라고 하면 어떨까요? 어떤 종목이든 도중 결판보다는 마지막까지 손에 땀을 쥐게 하는 경기가 훨씬 더 흥미진진하겠지요?

콜드 게임 대신 도중 결판

😮 직장인 야구 경기에서 경기팀이 도중 결판으로 승리해서 준결승에 진출했대요.

😍 무려 10 대 1로 승리했네요.

콤팩트 시티 :

낮에는 붐비던 도심이 밤이 되면 휑해지는 모습을 본 적 있나요? 땅값이 비싼 도심에는 주로 공공 기관이나 기업이 많고 주택은 적지요. 이렇게 인구가 도심 외곽으로 이동하면서 마치 도넛 모양처럼 도심은 텅 비는 현상이 나타나기도 합니다. '콤팩트 시티'는 도시 안에서 주거, 사무, 상업, 쇼핑, 문화생활 등이 모두 이루어질 수 있도록 설계된 것을 말합니다. 도심의 본래 기능을 살리는 데 중점을 둔 도시를 가리키지요. 도시가 비는 공동화 현상이나 출퇴근 교통난을 해결할 수 있는 방안이기도 합니다. 기능이 집약된 도시를 뜻하는 만큼 '기능 집약 도시'라고 하면 어떨까요?

콤팩트 시티 대신 기능 집약 도시

☺ 주택 공급난에는 기능 집약 도시가 주요한 대안이 될 수 있어요.

☺ 우리 시는 벌써 그 도시 정책을 추진하고 있어요.

쿠키:

이제 인터넷은 일상에서 없으면 안 될 정도로 유용하지만 관련 용어는 여전히 어렵습니다. 인터넷을 사용하다 문제가 생겨서 알아보면 '쿠키 삭제'라는 문구가 뜰 때가 있습니다. '쿠키'는 특정 웹사이트를 방문했을 때 만들어지는 정보를 담는 파일을 가리키는 말입니다. 다음에 그 사이트를 방문할 때 여러 정보를 다시 되살려 주지요. 쿠키는 쉽게 풀어 '웹사이트 방문 기록'이라고 할 수 있습니다. 웹사이트 방문 기록이 너무 많으면 과부하가 걸리므로 때때로 기록을 삭제해야 합니다. 쿠키 대신 뜻을 명확하게 드러내는 말을 사용하면 어떨까요?

쿠키 대신 웹사이트 방문 기록

- 많은 사이트를 방문했더니 컴퓨터가 갑자기 느려졌어.
- 웹사이트 방문 기록이 너무 많지는 않은지 살펴봐.

쿠키 영상 :

얼마 전에 친구와 영화를 보러 극장에 갔습니다. 영화가 끝나서 나가려는데 친구가 저를 다시 앉히더니 말했습니다. “이 영화 쿠키 영상이 있대. 그것까지 다 보고 나가자.” ‘쿠키 영상’은 영화 본편이 끝나고 추가로 나오는 짧은 영상으로 실수한 장면이나 후일담, 속편 예고 등이 담깁니다. 최근에는 다양한 방송 프로그램에서도 쿠키 영상을 만들어 본편과는 또 다른 재미를 안겨 줍니다. 인기 있는 드라마나 영화일수록 이 영상을 찾아보려는 사람들이 많습니다. 그런데 쿠키 영상이라고 하면 무슨 뜻인지 알기가 어렵습니다. 쿠키 영상 대신 ‘부록 영상’이라고 하면 어떨까요?

쿠키 영상 대신 부록 영상

☺ 그 영화는 재미있는 부록 영상이 있으니까 꼭 끝까지 보세요.

😆 본편보다 부록 영상이 더 기대되네요.

크리에이터 :

개인 방송의 시대가 열리면서 이제는 누구나 쉽게 온라인 콘텐츠를 제작하고 방송할 수 있습니다. 제품 또는 요리법을 소개하거나 일상을 공유하기도 하고 참 다양한 주제로 영상을 제작하지요. 이러한 일을 전문적으로 하는 사람을 가리켜 '크리에이터'라고 합니다. 더 쉽게 표현하면 '콘텐츠 제작자', '광고 창작자', '1인 방송 진행자'라고 할 수 있습니다. 이런 일을 하는 사람이 점점 늘어나는 지금, 그 직업을 쉬운 말로 부른다면 더욱 좋지 않을까요?

크리에이터 대신

콘텐츠 제작자, 광고 창작자, 1인 방송 진행자

☺ 너의 꿈은 뭐야?

😆 나는 콘텐츠 제작자가 되고 싶어.

클로징 멘트

모든 일에는 시작이 있으면 끝이 있기 마련입니다. 방송 프로그램도 마찬가지입니다. 뉴스를 끝낼 때 진행자는 클로징 멘트를 덧붙이곤 합니다. 다른 프로그램에서도 종종 손님에게 클로징 멘트를 요청하는 모습을 볼 수 있습니다. '클로징'은 마무리, 맺음이라는 뜻으로, 클로징 멘트는 '맺음말'이라고 하면 누구나 쉽게 알 수 있습니다. '맺음말'이라는 좋은 우리말을 두고 굳이 '클로징 멘트'라는 어려운 말을 써야 할 이유가 있을까요?

클로징 멘트 대신 맺음말

😮 한국 수어의 날을 맞아 진행자가 뉴스 맺음말을 수어로 하더라고요.

😆 저도 봤어요. 참 인상적이었어요.

키스 앤드 라이드 :

집에서 승용차를 타고 와서 대중교통 수단으로 갈아탈 때, 운전자는 내리지 않고 같이 타고 온 동승자만 내리는 경우가 종종 있습니다. '키스 앤드 라이드'는 이처럼 동승자만 대중교통을 타려고 내리는 곳 또는 대중교통 이용자를 승용차에 태우려고 정차하는 곳을 뜻합니다. 헤어지는 인사로 뽀뽀를 하는 외국 문화에서 비롯된 말입니다. '파크 앤드 라이드'라고도 합니다. 앞으로는 키스 앤드 라이드 대신 '환승 정차 구역'이라고 하면 좋겠습니다.

키스 앤드 라이드 대신 환승 정차 구역

⚠ 환승 정차 구역에서는 주차를 하면 안 됩니다.

키오스크 :

식당에서 주문을 하려고 하니 직원이 "키오스크에서 주문하세요"라고 안내를 했습니다. 최근 음식점, 영화관 등 많은 곳에서 무인 기계로 주문하고 결제하는 방식을 쓰고 있습니다. 기계로 무언가를 구입하거나 결제하는 방식이 아직 생소한 사람이 많을 것입니다. 그런데 어쩐지 무인 결제 방식보다 '키오스크'라는 기계의 이름이 더 어렵게 느껴지네요. 앞으로 이러한 비대면 주문 방식은 더 확대될 전망입니다. 그렇다면 누구나 쉽게 알 수 있도록 '무인기', '무인 결제기', '무인 안내기', '무인 단말기', '직접 결제 기계'와 같이 바꾸어 쓰면 어떨까요?

키오스크 대신

무인기, 무인 결제기, 무인 안내기

주문은 어디에서 하면 되나요?

매장 입구에 있는 무인 결제기를 이용해 주세요.

키포인트 :

요점 없는 장황한 대화는 서로를 피곤하게 만듭니다. 대화든 글이든 핵심 내용이 분명하게 드러나야 소통이 원활해집니다. 그래서 글쓰기나 말하기를 주제로 한 책에는 키포인트를 잘 잡아야 한다는 내용이 자주 등장하지요. 이때 '키포인트'라는 말보다는 '요점', '핵심'이라는 말이 의미가 더욱 쉽게 느껴집니다. 오랫동안 굳어진 언어 습관은 고치기가 쉽지 않습니다. 하지만 '천 리 길도 한 걸음부터'라는 속담을 떠올려 보세요. 한 번, 두 번 계속 연습하다 보면 어느 순간 익숙해질 것입니다.

키포인트 대신 요점, 핵심

어제 지영이를 만나서 밥 먹고 카페에 갔다가 헤어지고 전화를 하는데…….

말하고자 하는 요점이 뭐야?

킬러 앱 :

언젠가 한 신문에서 인공 지능 대화 프로그램이 새로운 킬러 앱이 될 것이라는 분석 기사를 봤습니다. 전문 용어와 외국어가 섞여 있어 기사를 이해하기가 어려웠습니다. '킬러 앱'은 시장에 등장하자마자 다른 경쟁 상품을 몰아내고 시장을 장악하는 새로운 서비스나 상품을 뜻하는 말입니다. 킬러라는 무시무시한 말 대신 뜻을 더 잘 나타내는 말을 사용하면 어떨까요? 킬러 앱은 '돌풍 앱'이라고 할 수 있습니다.

킬러 앱 대신 돌풍 앱

😮 그저께 출시된 ○○ 게임이 돌풍 앱으로 떠오르고 있어.

😉 나도 그 앱을 설치했어.

태그 :

요즘 '태그'라는 말을 여기저기서 들을 수 있습니다. 특히 누리소통망에서 많이 사용합니다. 누리소통망에 # 표시를 하고 관련 단어들을 적어 게시물을 올리면 그 주제에 관심 있는 사용자들이 게시물을 볼 수 있습니다. 이를 '태그'라고 하지요. 태그를 얼마나 세심하게 다는가에 따라 내가 올린 게시물의 전파력이 달라지니 고심할 수밖에 없습니다. 태그라는 말 대신 '꼬리표'라고 하면 어떨까요? 꼬리표라고 하면 꼬리에 꼬리를 물고 더 멀리 퍼지지 않을까요?

태그 대신 꼬리표

☺ 차별을 없애기 위한 운동이군요.

😆 네, 이 운동에 참여하고 싶다면 '우리 함께'라는 꼬리표를 달아 게시물을 올려 주세요.

턴키 발주 :

입찰 관련 용어는 뜻을 알기 어려운 말이 많습니다. '턴키 발주'도 그중 하나입니다. 턴키turnkey 계약 방식은 열쇠를 돌리기만 하면 사용할 수 있다는 뜻에서 유래했습니다. 턴키 발주는 담합 입찰과 심사 위원 로비 등 각종 비리 가능성을 차단하고자 대형 공사에 적용하는 발주 방식입니다. 턴키 발주는 '일괄 발주' 또는 '일괄 주문'이라고 할 수 있습니다. 일을 의뢰하는 쪽에서는 일괄 발주를 하면 관리가 훨씬 편하지만, 그만큼 금액이 높지는 않은지 잘 따져 보고 발주를 해야 합니다.

턴키 발주 대신 일괄 발주, 일괄 주문

일괄 주문 방식은 입찰에 소요되는 경비가 너무 커서 중소기업이 참여하기 어렵다는 단점이 있습니다.

테이저 건 :

경찰이 범죄자를 체포할 때 안전 때문에 소극적으로 진압하다가 오히려 상해를 입기도 합니다. 그런 문제를 줄이고자 테이저 건이 사용되기 시작했다고 합니다. '테이저 건'은 본체와 전선으로 연결된 두 개의 전극(탐침)을 발사해 상대를 제압하는 전자 무기입니다. 쉽게 말해 권총 모양의 '전기 충격기'라고 할 수 있습니다. 경찰의 안전을 위해 전기 충격기의 사용을 고려하는 한편, 인체에 미치는 위험성도 살펴야 합니다.

테이저 건 대신 전기 충격기

밤길을 걸을 때 무서워.

호신용 전기 충격기를 준비해 봐.

테트라포드 :

바닷가에 가면 파도나 해일로부터 방파제를 보호하기 위해 설치한 큰 콘크리트 블록을 볼 수 있습니다. 그것을 '테트라포드'라고 합니다. 가끔 그 위에서 낚시를 하거나 사진을 찍는 사람들이 있고, 그로 인해 안전사고가 일어나기도 합니다. 그래서 '테트라포드에서 낚시 금지'라고 안내문을 써 붙여 둡니다. 안전사고를 막으려면 먼저 쉬운 말을 사용해야 합니다. 테트라포드는 '네발 방파석'이라고 할 수 있습니다.

테트라포드 대신 네발 방파석

⚠ 네발 방파석에서 낚시를 하면 추락할 수 있기 때문에 더욱 주의해야 합니다.

텐션 :

방송에서 가끔 진행자들이 이런 말을 합니다. "오늘은 텐션이 너무 떨어져서 방송 진행이 힘들다.", "오늘은 텐션이 엄청 좋다." '텐션'은 '긴장감'을 뜻하는 외국어입니다. 그러나 우리나라에서는 '역대급 예능감과 텐션', '텐션을 높이다'와 같이 신나고 흥이 나는 상황에서 사용합니다. 이때는 텐션 대신 '흥'이라고 하면 더 좋지 않을까요? 무슨 일을 하든 흥이 있어야 더욱 힘을 낼 수 있지요.

텐션 대신 흥

☺ 오늘 따라 신나 보여요.

😆 재미있는 영상을 봤더니 덩달아 흥이 오르네요.

투 머치 토커

주변에 말하기를 좋아하는 친구가 한두 명쯤 있지요. 어떤 주제든 쉬지 않고 이야기하는 친구를 보고 있으면 대단하다는 생각이 듭니다. '투 머치 토커'는 말이 지나치게 많고 수다스러운 사람을 뜻합니다. 혼자 몇 시간을 이야기해도 지치지 않는 사람을 재미있게 표현하는 말이지요. '투 머치 토커'를 대신할 수 있는 쉬운 우리말이 이미 있습니다. 바로 '수다쟁이'지요. 말이 너무 많은 사람은 옆 사람을 피곤하게 하지만, 적당한 수다쟁이는 분위기를 밝게 이끌어가기도 합니다. 말을 많이 하면 말실수를 하기 마련입니다. 혹시 내가 말이 너무 많은 사람은 아닌지 자신을 돌아보면 어떨까요?

투 머치 토커 대신 수다쟁이

몇 시간을 이야기해도 지치지 않다니 넌 정말 수다쟁이야.

난 이야기할 때가 제일 신나.

티에프TF 팀

영화에서 종종 위기를 헤쳐 나갈 능력자들이 모인 팀을 '티에프 팀'이라고 부릅니다. 이는 '태스크 포스 팀task force team'을 줄인 말입니다. 기업이나 기관 등에서 특정한 일을 맡아 처리하는 조직을 뜻하는 말로 사용되지요. 뜻을 쉽게 알 수 있도록 티에프 팀 대신 '특별 전담 조직', '전담 팀'이라고 하면 어떨까요? 기업이든 기관이든 전담 팀이 생긴다면 긴박하거나 중요한 상황이 닥쳤다는 뜻입니다.

티에프 팀 대신 특별 전담 조직, 전담 팀

😊 동물 학대를 막고자 상인들과 지자체 담당자들이 포함된 특별 전담 조직을 구성했다고 해요.

😆 상생 방안을 잘 마련했으면 좋겠어요.

티엠아이TMI :

정보가 넘치는 세상입니다. 그 수 많은 정보 속에서 옥석을 가려야 하지요. 정보를 효과적으로 활용하려면 자신에게 필요한 정보와 그렇지 않은 정보를 구분할 수 있어야 합니다. '티엠아이'는 '투 머치 인포메이션too much information'을 줄인 말로 불필요한 정보를 뜻합니다. 굳이 알릴 필요가 없는 정보를 가리켜 "그건 티엠아이야"라고 하지요. 티엠아이는 '과잉 정보'라고 하면 어떨까요? 옛말에 '과함은 모자람만 못하다'고 했습니다. 하물며 과잉 정보는 잘 걸러야 하겠지요.

티엠아이 대신 과잉 정보

☹ 말을 너무 많이 하다 보면 과잉 정보를 말하게 되더라고.

☺ 특히 다른 사람에 대한 이야기는 조심하는 게 좋겠어.

파워 블로거 :

요즘에는 파워 블로거도 연예인 못지않은 인기와 수익을 자랑합니다. '파워 블로거'는 블로그에 인기 게시물을 꾸준히 올려 블로그를 찾는 방문자들이 많고, 그만큼 영향력도 큰 사람을 가리키는 말입니다. 간혹 뒷광고 논란에 휩싸이는 블로그 운영자들도 볼 수 있습니다. 인기가 많고 유명한 블로거일수록 그에 걸맞은 책임감도 가져야 하지요. 광고를 마치 유용한 정보처럼 소개하면 안 됩니다. 파워 블로거는 쉬운 말로 '유명 블로거'라고 할 수 있습니다.

파워 블로거 대신 유명 블로거

😮 이곳이 유명 블로거가 소개한 맛집이야?

🙂 응, 댓글을 보니 다녀온 사람들의 후기도 좋더라.

파이어 월

'파이어 월'은 인터넷 등의 컴퓨터 통신망에서 통신 내용을 도용하거나 외부의 공격을 막아주는 시스템입니다. 조직 내부의 네트워크와 인터넷 사이에 전송되는 정보를 선별하여 수용하거나 거부 또는 수정하는 능력을 가진 보안 시스템이지요. '방화벽'이라고도 합니다. 원래 방화벽은 불이 번지지 않게 하고자 불에 타지 않는 재료로 만들어 세운 벽을 말합니다. 이 말이 컴퓨터 보안과 관련해 사용될 때는 컴퓨터가 침범당하지 않도록 막는다는 의미로 쓰입니다. 파이어 월 대신 '방화벽'이라고 하면 보안이라는 뜻이 쉽게 드러납니다.

파이어 월 대신 방화벽

😌 컴퓨터 네트워크에 다른 사람이 무단 접근하지 못하게 하려면 방화벽을 설정해야 해요.

😉 맞아요. 앞으로 컴퓨터 보안을 위한 방화벽 시장이 더욱 성장할 전망이래요.

파일럿 프로그램

새로운 텔레비전 프로그램은 정규 편성하기 전에 한두 회차를 방송해 시청자의 반응을 미리 살펴봅니다. 시청자의 반응이 좋으면 빠르게 정규 편성을 하기도 하고 구성이나 출연진에 변화를 준 다음에 정규 편성을 하기도 합니다. 더러 반응이 미미한 경우에는 정규 편성이 안 되기도 합니다. 이처럼 시험 제작한 방송을 '파일럿 프로그램'이라고 하지요. 그런데 파일럿 프로그램이라는 단어를 듣고 그 뜻을 떠올리기는 쉽지 않습니다. '시험 방송', '시험 프로그램', '맛보기 프로그램'이라는 말을 쓰면 어떨까요?

파일럿 프로그램 대신

시험 방송, 시험 프로그램, 맛보기 프로그램

☺ 이번 추석에 〈주꾸미 게임〉을 봤어요?

😆 네, 시험 방송이었는데 반응이 좋아서 정규 편성한대요.

팝업 창

인터넷을 하다 보면 작은 창이 여러 개 뜰 때가 있습니다. 시험 접수 안내나 상품 할인, 사이트 점검 안내 같은 다양한 창이 뜨지요. 이러한 창을 팝업 창이라고 합니다. 다시 말해 '팝업pop-up 창'은 웹 페이지에 접속했을 때 새롭게 생성되어 여러 사항을 안내하는 창을 뜻합니다. 여러 가지 안내 사항을 알리는 창이라는 의미이므로 '알림 창'이라고 할 수 있습니다. 알림 창은 내용을 보게 만드는 힘이 있습니다. 하지만 필요 없는 알림 창은 때로 스트레스를 유발합니다. 알림 창은 꼭 필요할 때 띄우는 게 더욱 효과적입니다.

팝업 창 대신 알림 창

누리집에 방문했을 때 한꺼번에 알림 창이 많이 뜨면 오히려 읽지 않게 되더라.

나도 그래.

패밀리 사이트 :

요즘은 '패밀리'라는 말을 여러 가지 의미로 사용합니다. 친한 사람들끼리도, 배우나 인기 가수를 응원하는 팬들끼리도 '우리 패밀리'라고 합니다. 누리집 아래쪽에 '패밀리 사이트'라는 용어도 자주 볼 수 있습니다. 가족과 같은 사이트라는 의미일까요? 바로 해당 누리집과 관련된 다른 누리집들을 가리키는 말입니다. 패밀리 사이트 대신 '관련 누리집'이라고 하면 의미가 더 쉽게 와닿습니다.

패밀리 사이트 대신 관련 누리집

- 어떤 곳들과 협력하고 계신가요?
- 관련 누리집에서 우리와 협력을 맺은 단체 목록을 공개하고 있어요.

패스트 트랙

여러 분야에서 '패스트 트랙'이라는 말을 씁니다. 국내 정치 분야에서는 국회에서 발의된 법안을 신속하게 처리하기 위한 제도를 뜻합니다. 국제 통상 분야에서는 미국 행정부가 국제 통상 협상을 신속하게 체결하려고 의회에서 부여받는 일종의 협상 특권을 가리키는 용어로 사용됩니다. 그리고 경제 분야에서는 일시적으로 자금난을 겪는 중소기업을 지원하는 유동성 지원 제도를 일컫기도 합니다. 국내에서는 주로 정치 용어로 사용되지요. 이 경우 '안건 신속 처리제'라고 하면 뜻이 쉽고 분명하게 드러납니다.

패스트 트랙 대신 안건 신속 처리제

19대 국회에서 안건 신속 처리제가 도입되었지만, 여전히 법안 처리 기간이 길다는 지적이 많습니다.

패트롤 :

'패트롤'은 순찰이라는 뜻의 외국어입니다. 주로 스키장에서 사람들이 안전하게 스키를 탈 수 있도록 순찰하는 안전 요원을 가리키는 말로 사용됩니다. 스키장 외에 순찰이 필요한 현장에서도 사용됩니다. 안전을 위해 순찰하는 사람을 부르는 말이므로 쉬운 말을 사용해야 누구든지 쉽게 도움을 구할 수 있겠지요. 패트롤 대신 '안전 요원'이라고 하면 어떨까요?

패트롤 대신 안전 요원

😉 스키장에서는 안전 요원의 지시를 잘 따라야 합니다.

🙂 네, 알겠습니다.

팬데믹 :

세계보건기구WHO는 감염병의 위험 정도를 1~6단계까지 나눕니다. 그중 '팬데믹'은 최고 경고 등급인 6단계에 해당합니다. 코로나19는 1968년에 유행한 홍콩독감과 2009년의 신종플루에 이어 세 번째 팬데믹으로 선언된 감염병입니다. 국민 모두가 감염병 경고 등급의 위험성을 알 수 있도록 쉬운 말을 사용해야 합니다. 팬데믹은 '감염병 세계적 대유행'이라고 할 수 있습니다.

팬데믹 대신 감염병 세계적 대유행

😌 2020년 3월, 세계보건기구는 코로나19를 감염병 세계적 대유행으로 선언했어요.

😨 이제는 주기적 유행이 되지 않을까요?

퍼실리테이터 :

여러 사람이 모여 회의를 할 때 진행자가 있으면 더 원활하게 진행됩니다. 진행자는 토론에서 중재를 하거나 회의의 속도를 조절하지요. 또한 교육 과정을 적절하게 조정하기도 합니다. '퍼실리테이터'는 회의나 교육을 할 때 대화나 토론이 순조롭게 진행될 수 있게 진행을 돕는 사람을 뜻합니다. 일상적으로 사용하기에는 어려운 말입니다. 퍼실리테이터 대신 '회의 도우미' 또는 '보조 진행자'라고 하면 어떨까요? 도움을 받고 싶은데 어려운 용어 때문에 누구에게 도움을 청해야 할지 모른다면 회의를 진행하는 의미도 퇴색되지 않을까요? 어떤 일을 잘해 보자고 하는 회의인데 말입니다.

퍼실리테이터 대신 회의 도우미, 보조 진행자

☺ 오늘 회의 도우미를 맡은 김도움입니다.

😆 반갑습니다.

펫티켓:

반려동물을 기르는 사람이 점점 늘고 있습니다. 나에게는 사랑스러운 반려동물이지만 다른 사람에게는 공포의 대상이 될 수도 있지요. 그렇기 때문에 공공장소에서는 반려동물과 관련된 공공 예절을 꼭 지켜야 합니다. 이를 '펫티켓'이라고 합니다. 단어에서 그 의미를 유추할 수는 있지만, 누구나 알기 쉽게 '반려동물 공공 예절'이라고 하면 더 좋지 않을까요?

펫티켓 대신 반려동물 공공 예절

☺ 공공장소에서는 반려동물 공공 예절을 지켜야 해요.

😆 맞아요. 목줄을 매는 게 가장 기본이지요.

펫 로스 증후군:

반려동물이 죽으면 '무지개다리를 건넌다'라고 합니다. 무지개다리를 건너가서는 아프지 않고 행복하게 지내기를 바라는 마음이 녹아 있는 말입니다. 가족과 같은 반려동물이 죽으면 너무나 슬프지요. 반려동물이 떠난 뒤 상실감, 슬픔, 우울감, 절망감 등을 느끼는 현상을 '펫 로스 증후군'이라고 합니다. 펫 로스 증후군은 '반려동물 상실 증후군'이라고 할 수 있습니다. 반려동물 상실 증후군 때문에 다시는 반려동물을 키우지 않겠다고 다짐했다가 또다시 반려동물을 키우는 사람들도 많습니다. 반려동물이 우리에게 주는 사랑과 기쁨이 크기 때문이겠지요.

펫 로스 증후군 대신 반려동물 상실 증후군

아버지께서 15년 동안 기르던 똘똘이가 무지개다리를 건너고 반려동물 상실 증후군으로 많이 힘들어하셨어.

정말 힘드셨겠다.

포모 증후군

늘 주변에 사람이 많고 사람들이 따르는 사람을 '인싸'라고 하고, 반대되는 사람을 '아싸'라고 부릅니다. 이런 말이 생길 정도로 사람은 대세에서 소외되거나 뒤처지는 것을 싫어합니다. 이렇게 흐름을 놓치거나 소외되는 상황에 대한 불안 증상을 '포모 증후군'이라고 합니다. '포모FOMO'는 'fear of missing out'의 머리글자를 따온 말입니다. 불필요하게 쓴 어려운 말은 누군가를 소외시키는 결과를 낳기도 합니다. 포모 증후군은 '소외 불안 증후군'이라고 하면 쉽습니다. '무소의 뿔처럼 혼자서 가라'라는 말이 있습니다. 혼자가 되는 상황에 대한 지나친 우려가 소외 불안 증후군을 불러오는 것은 아닐까요?

포모 증후군 대신 소외 불안 증후군

친구들이 모두 요가를 배우고 있다고 해요. 저만 안 배우니 마음이 괜히 불안해요.

그런 마음을 소외 불안 증후군이라고 한대요.

포스팅

요즘은 카페나 음식점, 그리고 여행지에서도 사진을 찍는 사람들이 많습니다. 그렇게 찍은 사진을 누리소통망에 올리는 사람도 많지요. 개인 블로그나 누리소통망에 게시물을 올리는 일은 누구나 할 수 있는 취미 활동입니다. 게시물을 올리는 일을 '포스팅'이라고 합니다. 그런데 '올리기'라는 쉬운 우리말을 두고 굳이 외국어를 쓸 필요는 없습니다. 포스팅 대신 '올리기'라고 하면 어떨까요? 다행히 요즘에는 포스팅이라는 말보다 올린다는 표현을 쓰는 사람도 많은 듯합니다.

포스팅 대신 올리기

☺ 취미가 뭐예요?

😆 제 취미는 블로그에 하루 식단 올리기예요.

포트 홀

장마철에는 도로 위 땅이 팬 곳을 쉽게 볼 수 있습니다. 도로는 눈을 녹이려고 뿌리는 염화칼슘, 배수 구조 불량, 혼합물의 품질 불량 같은 다양한 이유로 움푹 패입니다. 이런 곳은 사고의 위험이 높아 특히 주의해야 합니다. '포트 홀'은 노면 위 파인 곳을 뜻합니다. 이를 쉽게 말하면 '도로 파임', '노면 홈'이라고 할 수 있습니다. 도로 파임은 사고를 일으킬 수 있으니 빨리 처리해야 합니다.

포트 홀 대신 도로 파임, 노면 홈

😟 도로를 달릴 때 노면 홈을 주의하세요.

😮 비가 올 때는 특히 더 조심해야겠어요.

푸드 리퍼브

농촌의 일손을 돕는 텔레비전 프로그램을 봤습니다. 출연자는 먹음직스럽게 자란 고구마를 캐서 상처가 난 것은 따로 빼는 작업을 했습니다. 그 작업이 끝나고 상처가 난 고구마들을 또 추려 조금 더 저렴하게 판매할 준비를 했습니다. '푸드 리퍼브'는 맛과 영양에는 문제가 없지만, 외관상 상품 가치가 떨어지거나 유통 기한이 임박한 식자재를 구매하는 일 또는 이를 활용하여 새로운 식품을 만드는 일을 뜻합니다. 맛과 영양에 문제가 없는 음식을 새롭게 활용하는 일이므로 음식물 쓰레기를 줄이는 데도 크게 도움이 되겠지요? 푸드 리퍼브 대신 '식자재 새 활용'이라고 하면 뜻이 더 쉽게 드러납니다.

푸드 리퍼브 대신 식자재 새 활용

- 🙂 식자재 새 활용으로 재탄생한 못난이 농산물이 주목받고 있대요.
- 😍 버려지는 농산물을 줄일 수 있는 좋은 방법이네요.

풀오버 :

단추를 하나하나 잠그는 옷은 다른 옷을 입을 때보다 시간이 더 걸립니다. 그래서 날이 추워지면 입기 편한 스웨터에 손이 갑니다. 종종 이런 옷을 풀오버라고 부르며 입기 편한 옷으로 분류하는 가게도 있습니다. '풀오버'는 여밈 없이 머리부터 입는 소매가 달린 스웨터 같은 옷을 일컫는 말입니다. 일상에서 입는 옷의 종류를 가리키는 말인 만큼 더더욱 쉬운 말을 사용해야겠지요? 풀오버는 '통옷'이라고 할 수 있습니다.

풀오버 대신 통옷

😌 통옷은 단추나 지퍼 없이 머리부터 입는 옷이라 입기 편해요.

🙂 그래서 저도 즐겨 입어요.

프로파일링 :

요즘은 범죄 분석과 범죄 분석가를 다룬 드라마나 영화가 꽤 인기인 듯합니다. 갈수록 범죄자의 심리를 알 수 없는 끔찍한 사건들이 현실에서도 일어나기 때문일까요? '프로파일링'은 수집된 증거나 용의자의 심리적, 행동적 특성을 분석해서 용의자의 행동을 예측하거나 수사의 방향을 제시하는 일을 뜻합니다. 이런 일을 하는 사람은 '프로파일러'라고 합니다. 프로파일링은 '범죄 분석', 프로파일러는 '범죄 분석가'라고 할 수 있습니다. 우리 모두 범죄가 없는 안전한 세상에서 살 수 있기를 바랍니다.

프로파일링 대신 범죄 분석

- 범인을 검거할 때 범죄 분석이 중요한 이유가 뭘까요?
- 정확한 범죄 분석은 수사 방향을 올바르게 잡아 줘요.

플라스틱 어택 :

우리나라는 배달 문화가 매우 발달했습니다. 그 덕분에 편하지만 일회용 포장재가 많이 생겨 환경 문제를 일으킵니다. '플라스틱 어택'은 플라스틱으로 만들어진 포장재를 줄이려는 운동입니다. 쉬운 말을 사용하면 누구나 쉽게 이해하고 더 많은 사람이 이 운동에 참여할 수 있을 것입니다. 플라스틱 어택은 '과대 포장 거부 운동'이라고 할 수 있습니다. 어려운 외국어 사용도 줄이고 플라스틱 포장재 사용도 줄이면 좋겠습니다.

플라스틱 어택 대신 과대 포장 거부 운동

- 🙂 우리 매장은 과대 포장 거부 운동에 동참하고 있습니다.
- 😮 앞으로 장바구니를 꼭 가져올게요.

플래터 :

'여러 종류의 고기와 치즈를 담은 플래터 출시'라는 광고 문구를 본 적이 있습니다. 푸짐한 음식 사진에 눈길이 갔지만, 플래터가 무엇인지 모르는 사람의 마음을 사로잡기는 어렵겠다는 생각이 들었습니다. '플래터'는 상차림에서 주가 되는 요리로, 주로 하나 이상의 음식과 함께 제공되는 것을 뜻합니다. 쉬운 말로 '모둠 접시'라고 할 수 있습니다. 우리말로 표현하면 뜻을 더 정확히 파악할 수 있습니다. 이것도 먹고 싶고 저것도 먹고 싶을 때는 다 맛볼 수 있는 모둠 접시를 시키면 좋지요.

플래터 대신 모둠 접시

😆 새로 나온 모둠 접시는 고기와 치즈를 다양하게 먹을 수 있나 봐요.

🙂 우리 모둠 접시로 주문해요.

플랫폼 노동

최근 스마트폰 애플리케이션처럼 디지털을 기반으로 서비스를 제공하는 일이 부쩍 많아졌습니다. 배달, 택배, 집안일을 대표적으로 들 수 있습니다. 이런 노동을 '플랫폼 노동'이라고 합니다. 그런데 이 말로는 정확히 어떤 노동을 말하는지 알 수 없습니다. 플랫폼 노동은 '온라인 매개 노동'이라고 할 수 있습니다. 온라인이 사무실 역할을 하지요. 우리는 지금 온라인 매개 노동이 대세인 시대에 살고 있습니다.

플랫폼 노동 대신 온라인 매개 노동

☺ 새로운 노동 형태가 많이 생겨나고 있어요.

☺ 네, 특히 온라인 매개 노동이 더 활발해지고 있어요.

플레이팅 :

언젠가부터 '소확행'('작지만 확실한 행복'이라는 뜻으로, 일상에서 누리는 소소한 즐거움을 이르는 말)과 누리소통망이 유행하면서 집에서도 예쁘게 차려서 먹는 사람이 점점 많아지고 있습니다. '보기 좋은 떡이 먹기도 좋다'는 속담처럼, 같은 음식이라도 먹음직스럽고 보기 좋게 담으면 정성도 더 크게 느껴집니다. '플레이팅'은 음식을 먹음직스럽게 보이도록 그릇이나 접시 등에 담는 일을 말합니다. 혼자 먹을 때도 멋스럽게 차리면 근사한 식사가 되지요. 근사한 식사처럼 말도 근사하게 '상차림'이라고 하면 어떨까요?

플레이팅 대신 상차림

😆 엄마 생신을 맞아 준비한 상차림에 감동하는 엄마의 모습을 보니 뿌듯했어.

😮 와, 너 멋지다.

플렉스 :

방송이나 인터넷 등 여기저기에서 '플렉스'라는 말을 자주 접합니다. 한 래퍼가 "플렉스해 버렸지 뭐야"라고 말한 이후 더 유행하게 되었다고 합니다. '플렉스'는 자신의 능력을 과시하거나 특별한 날을 기념하려고 평소에 사지 않던 비싼 물건을 구매하는 소비를 뜻하는 말입니다. 이 경우 플렉스 대신 '과시용 소비', '통 큰 소비'라고 할 수 있습니다. 그런데 과시용 소비보다는 열심히 일한 나에게 1년에 한 번쯤 정말 가지고 싶었던 것을 선물하면 어떨까요? 큰돈을 쓰더라도 뿌듯할 수 있도록 말입니다.

플렉스 대신 과시용 소비, 통 큰 소비

😍 아빠가 생일 선물로 최신형 노트북을 사 주셨어.

😆 아빠가 통 큰 소비를 하셨네.

플로깅 :

환경을 지키면서 운동도 할 수 있는 일에 참여해 보고 싶지 않나요? '플로깅'은 조깅이나 산책을 하면서 쓰레기를 줍는 활동을 말합니다. 이삭 등을 줍는다는 뜻의 스웨덴어 'plocka upp'과 달리기를 뜻하는 영어 'jogging'의 합성어입니다. 환경 운동과 체육 활동을 겸할 수 있으니 일석이조이지요. 매우 뜻깊은 활동이지만 의미를 알기 어려운 말이라 아쉽습니다. 오늘부터 플로깅 대신 '쓰담 달리기' 어떠세요?

플로깅 대신 쓰담 달리기

😆 쓰담 달리기야말로 환경과 건강을 지키는 일석이조 활동이죠.

😍 맞아요. 저도 그래서 요즘 쓰담 달리기를 하고 있어요.

핀테크 :

정보 기술의 발달로 금융 서비스도 새로운 형태로 변하고 있습니다. '핀테크'는 금융을 뜻하는 '파이낸셜financial'과 기술을 뜻하는 '테크놀로지technology'를 결합한 말입니다. 새로운 기술을 이용한 서비스는 누구나 쉽게 알 수 있어야겠지요? 핀테크라는 어려운 말보다는 '금융 기술' 또는 '금융 기술 서비스'라고 하면 뜻이 더 쉽게 드러납니다.

핀테크 대신 금융 기술, 금융 기술 서비스

저희 카드사는 발 빠르게 금융 기술 서비스를 도입해 다양한 서비스를 제공하고 있습니다.

필리버스터 :

국회에서 중요한 안건을 통과시킬 때 필리버스터가 화제가 되곤 합니다. '필리버스터'는 의회 안에서 합법적인 수단을 써서 의사 진행을 고의로 저지하는 행위를 가리킵니다. 다수당이 법안이나 정책을 강행하려고 할 때 소수당에서 그것을 저지하기 위해 취하는 방법 중의 하나입니다. 우리나라 국회법에서는 무제한 토론 방식으로만 필리버스터를 행사할 수 있습니다. 그렇다면 필리버스터를 '무제한 토론'이나 '합법적 의사 진행 저지'라고 하면 쉽게 뜻을 알 수 있지 않을까요?

필리버스터 대신

무제한 토론, 합법적 의사 진행 저지

어제 국회에서 무제한 토론으로 결국 법안이 통과되지 않았대.

어떤 의원은 무려 12시간 47분간 무제한 토론을 했다며?

하드 스킬

'하드 스킬'은 기업이나 조직의 업무에 필요한 경영 전문 지식 또는 능력을 가리키는 말입니다. 생산, 마케팅, 재무, 회계, 인사 같은 것들이 있지요. 하드 스킬이라고 하면 추상적이어서 뜻을 알기 어렵습니다. 업무를 수행하는 데 필요한 기술을 뜻하므로 '직무 기술'이라고 하면 쉽습니다. 직무 기술을 익히는 데는 요령이 없습니다. 그저 열심히 배우고 하나하나 직접 하다 보면 몸으로 익히게 됩니다. 무슨 일이든 10년 이상 꾸준히 한다면 그 분야의 전문가가 되기 마련입니다.

하드 스킬 대신 직무 기술

인재를 채용할 때 어떤 점을 중요하게 보시나요?

직무 기술 관련 능력을 중요하게 봅니다.

하드 파워 :

막강한 군사력과 경제력을 가진 나라는 세계에 미치는 영향력이 큽니다. 그런 나라를 하드 파워가 큰 나라라고 표현하지요. '하드 파워'는 군사력, 경제력 등을 앞세워 다른 사람의 행동을 바꾸거나 저지할 수 있는 힘을 가리킵니다. 문화적 영향력을 뜻하는 '소프트 파워'와 대비되는 말이지요. 하드 파워는 물리적인 힘을 이용해 영향을 미치므로 '물리적 영향력'이라고 할 수 있습니다. 하드 파워와 소프트 파워 모두 강한 나라가 되면 경쟁력이 있겠지요?

하드 파워 대신 물리적 영향력

각국의 물리적 영향력은 외교에서 중요한 수단이 된다.

하이브리드 :

최근 하이브리드 자동차가 각광을 받고 있습니다. 하이브리드 자동차는 휘발유, 경유, 액화 석유 가스, 천연가스 또는 전기 에너지를 조합하여 동력원으로 사용하는 자동차를 말합니다. 여기서 알 수 있듯이 '하이브리드'는 서로 다른 성질을 가진 두 가지 이상의 요소가 섞인 것을 뜻합니다. 요즘 하이브리드는 여러 분야에서 사용됩니다. 누구나 쉽게 알 수 있도록 하이브리드 대신 '혼합형' 또는 '복합형'이라는 말을 사용하면 어떨까요?

하이브리드 대신 혼합형, 복합형

하이브리드 활동복이 무슨 뜻이지요?

야외 활동복의 기능과 최근 유행하는 디자인을 접목한 혼합형 활동복이라는 의미예요.

하이엔드 :

명품을 좋아하는 사람들은 가격에 상관없이 하이엔드 상품을 찾습니다. 그러다 보니 이런 상품을 즐겨 찾는 극소수의 최상류층을 겨냥한 마케팅도 활발합니다. 하이엔드는 알기 쉬운 말로 '최고급', '최고 사양'이라고 할 수 있습니다. 하이엔드보다 최고급이라는 말이 더 명확히 이해되지 않나요? 그런데 요즘은 여기저기에 하이엔드라는 말을 붙입니다. 그러니 홍보 문구에 현혹되지 말고 진짜 최고 사양인지 잘 따져 보고 사야 합니다.

하이엔드 대신 최고급, 최고 사양

- 주거 시설에도 최고급 열풍이 불고 있어요.
- 지역마다 서로 최고급이라고 홍보하더라고요.

해피 콜 :

어떤 제품을 구매했거나 서비스를 받았을 때 그 기업의 전화를 받아 본 적 있나요? '해피 콜'은 고객과의 원만한 관계를 형성해서 간접적으로 판매 활동을 촉진하려는 마케팅 전략 중 하나입니다. 고객의 기념일에 축하 인사를 전하거나 선물을 보내기도 하고, 우수 고객에게 사은품을 제공하기도 합니다. 공공 기관에서도 해피 콜을 이용해서 서비스 만족도를 조사하지요. 이러한 의미를 포괄적으로 담아 해피 콜 대신 '감사 전화'라고 하면 어떨까요?

해피 콜 대신 감사 전화

😆 안녕하세요. 고객님께서 이번 달 우수 고객이셔서 감사 전화를 드렸습니다. 특별 사은품을 보내 드리려고 하는데 통화 괜찮으신가요?

😮 특별 사은품이 뭐지요?

핸드레일 :

복합 상가에서 자동계단을 타고 올라갈 때면 혹시 넘어지지 않을까 핸드레일을 꼭 잡게 됩니다. '핸드레일'은 사람이 떨어지는 사고를 막고자 계단이나 다리 등의 가장자리에 일정한 높이로 세우는 구조물을 뜻합니다. 특히 자동계단을 올라갈 때 핸드레일을 잡고 가야 안전합니다. 안전과 관련된 말은 누구나 쉽게 알 수 있어야 하지요. 어린아이에게 "꼭 핸드레일을 잡고 가"라고 하기보다는 "꼭 '안전 손잡이'를 잡고 가"라고 해야 더 쉽게 알 수 있을 것입니다. 요즘은 사고가 많은 세상이니 안전 수칙을 지키는 게 무엇보다 중요합니다.

핸드레일 대신 안전 손잡이

☺ 자동계단을 오를 때는 안전 손잡이를 꼭 잡으렴.

😆 네, 꼭 잡을게요.

핸드메이드:

손으로 직접 만든 물건은 만든 사람의 정성이 담겨 더욱 소중하게 느껴집니다. 이러한 제품을 흔히 '핸드메이드'라고 부릅니다. 정성이 가득 담긴 만큼 의미도 쉽게 전해지면 좋겠지요. 핸드메이드는 '수제' 또는 '수제품'이라고 할 수 있습니다. 원래 핸드메이드란 말은 옷을 만드는 봉제 방법을 뜻합니다. 실제로 예전에는 처음부터 끝까지 손으로 직접 옷을 만들었기 때문에 핸드메이드라고 했습니다. 요즘은 옷뿐만 아니라 집에서 만든 음식, 뜨개, 소품에도 수제, 수제품이라는 말을 붙이는 듯합니다.

핸드메이드 대신 수제, 수제품

- 여기에 진열된 인형들은 모두 수제품이어서 마감이 매우 섬세해요.
- 정말 그렇네요.

핸디캡 :

'핸디캡을 극복하다'라는 문장에 사용된 '핸디캡'은 불리한 조건을 뜻합니다. '나의 소심한 성격이 핸디캡이 되기도 한다'에서는 약점이나 단점이라는 뜻입니다. 이렇게 맥락에 따라 다른 의미로 사용되는 말은 더더욱 뜻이 분명하게 드러나도록 써야 합니다. 핸디캡 대신 '불리한 조건', '약점', '단점', '흠' 등으로 바꾸어 쓰면 뜻이 명확히 전달됩니다. 말만 바꾸어 쓰지 말고 나의 약점, 단점을 흔쾌히 인정하고 장점으로 바꾸어 본다면 더욱 좋겠지요. 실제로 한 분야의 대가가 된 사람들 중에는 자신의 약점을 보완할 수 있는 방법을 연구하고 또 연구해서 그 자리에 오른 사람들이 많습니다.

핸디캡 대신 불리한 조건, 약점, 단점, 흠

- 이번에 최고의 선수로 뽑힌 원동력은 무엇인가요?
- 신체적으로 불리한 조건을 강점으로 바꾸려고 노력한 덕분이라고 생각합니다.

행거 :

옷걸이나 걸개를 '행거hanger'라고 하는 경우가 많습니다. 옷걸이를 파는 곳에서도 행거라고 표기하기도 하지요. hanger는 '행어'라고 해야 합니다. 잘못된 발음이 굳어져 사용되고 있는 사례이지요. 굳이 잘못된 발음으로 굳어진 외국어를 사용하기보다는 누구나 쉽게 알 수 있는 '옷걸이'나 '걸개'라고 하면 어떨까요? 그러고 보니 요즘은 옷장보다 방 하나를 옷걸이로 가득 채워 옷방으로 쓰는 사람들이 많습니다. 이 방을 흔히 '드레스 룸'이라고 하지요. '옷방'이라는 좋은 우리말을 쓰면 옷이 더욱 우리의 날개가 되어 주지 않을까요?

행거 대신 옷걸이, 걸개

☺ 외투는 옷걸이에 걸어 주세요.

😆 네, 알겠습니다.

홈 루덴스 :

집에서 시간 보내기를 지루해하는 사람이 있는가 하면, 하루 종일 집에서만 시간을 보내도 좋아하는 사람도 있습니다. 바깥 활동보다 집에서 하는 놀이를 즐기는 사람을 가리켜 '홈 루덴스' 또는 '홈 루덴스족'이라고 합니다. 놀이하는 인간을 뜻하는 '호모 루덴스Homo ludens'에서 유래한 말입니다. 집에서 보내는 시간을 좋아하는 사람들은 정성스럽게 커피를 내려 마시기도 하고 종종 아이들의 장난감을 직접 만들기도 합니다. 이렇게 슬기로운 집콕 생활을 하는 사람들을 홈 루덴스 대신 '집놀이족'이라고 하면 어떨까요?

홈 루덴스 대신 집놀이족

☹ 요새 바깥을 나가지 못하니 답답해요.

☺ 저희 가족은 다들 집놀이족이라 오히려 좋아해요.

홈 트레이닝 :

집 안에서 보내는 시간이 길어지면서 실내에서 간단한 기구로 운동하는 사람이 늘었습니다. 집에서 하는 운동이라는 뜻으로 '홈 트레이닝' 또는 줄여서 '홈트'라는 말이 많이 사용되고 있습니다. 인터넷에서 이 단어로 검색하면 많은 영상이 뜨지요. 홈트, 홈 트레이닝 대신 '실내 운동' 또는 '간단 운동'이라고 하면 어떨까요? 추운 겨울이나 더운 여름에는 밖에서 운동하기가 힘들지요. 이럴 때는 실내 운동을 하면 좋습니다. 평소에도 실내 운동을 많이 하면 체력을 키울 수 있지요.

홈 트레이닝 대신 실내 운동, 간단 운동

😉 집 밖으로 나가기 싫을 때는 실내 운동을 하며 건강을 지키세요.

🙂 네, 노력할게요.

홈페이지 :

유치원의 누리과정, 학교 교육과정, 교과서 등에서는 홈페이지 대신 '누리집'이라는 용어를 사용하고 있습니다. 한때 '네티즌'이라는 말이 온라인상에서 많이 사용되었으나 이제는 '누리꾼'이라는 말이 자리 잡았지요. 누구나 일상에서 사용하는 인터넷인 만큼 관련 용어도 쉬운 우리말로 쓰면 어떨까요? 홈페이지는 '누리집', 네티즌은 '누리꾼', 에스엔에스SNS는 '누리소통망'이라고 할 수 있습니다. 아무리 널리 쓰이는 말이라도 한 사람 한 사람씩 좋은 우리말을 쓰면 '누리꾼'처럼 자리 잡을 수 있습니다.

홈페이지 대신 누리집

자세한 내용은 누리집에서 공개하는 자료를 참고하세요.

2장 잘못 사용되고 있는 일본어

가라 :

한류가 세계적으로 인기를 끌어서 문화적인 자부심이 한껏 느껴지는 요즘이지만, 알고 보면 우리 생활 곳곳에서 일본어를 만날 수 있습니다. '가라'라는 말이 대표적입니다. '가라空'는 비어 있다는 뜻을 지닌 일본어입니다. 이것이 우리나라에서는 일을 제대로 하지 않고 요령을 피우거나 절차를 무시하고 대충대충 부실하게 처리한다는 뜻으로 바뀌어 사용되고 있습니다. 또한 서류나 서명 위조 등을 뜻하기도 합니다. 가라는 '가짜' 또는 '대충'이라는 말로 바꾸어 쓸 수 있습니다.

가라 대신 가짜, 대충

- 이 일을 얼른 끝내고 싶어.
- 그래도 절대 대충 하면 안 돼.

가라오케 :

우리나라 사람들은 노래를 참 좋아합니다. 그래서인지 노래방 문화가 자리를 잡은 지 이미 오래입니다. 지금은 노래방이라고 많이 부르지만 그래도 여전히 '가라오케'라는 말도 씁니다. 가라오케는 앞에서 이야기한 비어 있다는 뜻의 일본어 '가라'와 '오케스트라'를 결합해 만든 말로, 노래를 부를 수 있도록 합성음으로 반주를 해 주는 기계 또는 그러한 기계가 있는 곳을 뜻합니다. 우리말로는 각각 '녹음 반주', '노래방'이라고 할 수 있습니다. 뜻이 쉽게 통하는 우리말을 사용하면 어떨까요?

가라오케 대신 녹음 반주, 노래방

☺ 오늘 저녁 식사를 하고 나서 노래방에 갈까요?

😆 좋아요. 오랜만에 신나게 노래를 부르고 싶네요.

간지 :

멋있는 사람이나 멋진 물건을 보면 “멋지다!”라는 감탄이 저절로 나옵니다. 그런데 그 감탄의 말로는 부족한지 ‘간지난다’라는 말도 많이 쓰지요. ‘간지’는 우리말 ‘느낌’을 뜻하는 일본어로 우리나라에서 ‘멋있다’, ‘모양새가 좋다’라는 뜻으로 변형되어 사용되고 있습니다. 원래의 뜻과도 다른 국적 불명의 말 대신 ‘멋’이나 ‘맵시’를 쓰면 어떨까요? 쉬운 말을 쓰는 여러분, 정말 멋집니다!

간지 대신 멋, 맵시

😍 그 옷을 입으니 참 멋지다.

😆 칭찬해 줘서 고마워.

곤조 :

자기 심지가 굳은 사람과 뜻대로 안 되면 성질을 부리는 사람은 다른 사람과 소통할 때도 정반대의 반응을 보입니다. 심지가 굳은 사람은 자기 뜻을 관철시키고자 타당한 이유를 가지고 상대를 설득하지만, 성질을 부리는 사람은 자신이 맞든 틀리든 상대에게 자기 방식을 따르도록 강요합니다. 이렇게 누군가 별거 아닌 일로 주변 사람에게 화를 내거나 고약한 성질을 부리는 모습을 두고 '곤조 부린다', '곤조가 있다'라고 말합니다. '곤조'는 '근성'을 뜻하는 일본어입니다. 곤조 대신 '성깔'이나 '고약한 성질'이라고 하면 어떨까요?

곤조 대신 성깔, 고약한 성질

😑 김 과장은 가끔 성깔을 부리더라.

😮 평상시에는 친절한 사람인데 말이에요.

공구리 :

아파트나 높은 건물을 짓는 건설 현장에서 '공구리'라는 말을 많이 씁니다. '공구리'는 콘크리트의 일본어 표기입니다. 콘크리트는 시멘트에 모래와 자갈, 골재 따위를 섞고 물에 반죽한 건축용 혼합물을 가리킵니다. 건축 현장에서는 일본어 잔재가 남은 용어들이 많이 사용되는데, 이렇게 변형된 일본어를 그대로 사용하기보다는 '콘크리트'라는 원래 뜻을 밝혀 적어야 합니다.

공구리 대신 콘크리트

😟 바닥 공사는 어떻게 마무리하지요?

🙂 바닥은 콘크리트로 마감해야 해요.

구루마 :

일본에서는 '구루마車'가 자동차나 전차처럼 바퀴를 이용한 탈것 전반을 지칭하는 말이지만, 우리나라에서는 수레에 국한된 뜻으로 사용하고 있습니다. 일반인이나 일본어를 잘 모르는 사람에게는 어려운 말입니다. 구루마보다는 쉬운 우리말 '수레'라고 부르면 어떨까요? 수레라는 어감도 참 예쁩니다.

구루마 대신 수레

오늘 기숙사에 있는 짐을 모두 옮겨야 해.

짐이 많으면 수레를 가져가.

기스:

유리잔에 금이 갔거나 물건에 흠집이 났을 때 흔히 '기스가 났다'라는 표현을 씁니다. 이지러지거나 깨지거나 상한 자국을 뜻하는 '기스'는 같은 의미를 지닌 일본어 '기즈傷'에서 온 말입니다. 기스는 '흠집', '생채기'라고 표현하면 뜻을 이해하기 쉽습니다. 아끼는 물건에 이렇게 흠집이 생기면 속이 상하지요? 우리의 언어생활에도 흠집이 없도록 더 쉽고 명확한 우리말을 사용하면 어떨까요?

기스 대신 흠집, 생채기

😮 무슨 일이야?

😟 피아노를 옮기다가 바닥에 흠집이 생겼어.

낑깡 :

'낑깡金柑'은 귤보다 훨씬 자그마하고 새콤달콤한 맛이 나는 노란색 과일입니다. 원산지는 중국으로, 중국어로는 '진쥐金橘'라고 합니다. 우리말로는 '금귤'이라고 하지요. 낑깡이나 진쥐보다 발음하기도 쉽고 뜻도 바로 전달되는 금귤이라고 하면 더 맛나게 먹을 수 있지 않을까요?

낑깡 대신 금귤

🙂 무슨 과일을 좋아해요?

😍 귤 종류는 모두 좋아해요. 금귤도 아주 좋아하지요.

나와바리 :

영화에서 가끔 "여기는 내 나와바리야"라는 대사가 나옵니다. '나와바리縄張り'는 동물의 구역, 폭력단의 구역 등을 뜻하는 일본어입니다. 원래는 건축 현장에서 시공을 하기 전에 건설할 공간을 미리 정해 밧줄縄을 둘러張り 표시하는 작업을 일컫는 말이었습니다. 우리나라에서는 주로 자신이 아주 잘 아는 곳이라는 뜻으로 사용되지요. 나와바리 대신 '영역'이나 '구역' 또는 '세력권'으로 바꾸어 쓸 수 있습니다.

나와바리 대신 영역, 구역, 세력권

😮 이곳을 잘 아는구나.

😆 여긴 어릴 적부터 내 구역이라고 할 수 있지.

노가다 :

건설 분야에는 일본어나 변형된 일본어가 많이 남아 있습니다. 막노동 또는 막노동을 하는 사람을 가리키는 '노가다'가 대표적입니다. 일본에서는 이를 '도카타土方'라고 합니다. 노가다는 변형된 일본어인 셈이지요. 일본에서도 사용하지 않는 변형된 일본어 대신 뜻을 쉽게 알 수 있는 '일용직 노동자' 또는 '막노동'이라는 말을 사용하면 어떨까요? 처음에는 어색할 수 있지만 자꾸 쓰다 보면 익숙해질 것입니다.

노가다 대신 일용직 노동자, 막노동

요새 경기가 좋지 않아 일을 찾기가 힘들어요.

맞아요. 막노동 일거리도 많지 않아요.

다대기 :

식당에서 손님들이 "다대기 좀 주세요"라고 요청하는 모습을 종종 볼 수 있습니다. 간장이나 소금물에 마늘, 생강 등을 다져 넣고 고춧가루를 뿌린 양념을 기름에 볶은 것을 '다대기'라고 하는데, 일본어 '다타키叩き'에서 온 말입니다. 다타키는 두들긴다는 뜻으로 양념을 다지는 모습을 떠올리면 왜 이런 이름이 붙었는지 연상하기 쉽습니다. 하지만 더 이해하기 쉬운 '다진 양념'이라는 표현을 두고 굳이 다대기라고 할 이유는 없겠지요?

다대기 대신 다진 양념

😮 순댓국을 처음 먹어 봐요.

😆 순댓국에 다진 양념을 넣어 먹어 보세요.

단도리 :

'단도리段取り'는 원래 일본어에서는 순서, 절차와 같은 뜻을 지닌 말인데, 우리나라에서는 '채비', '준비'라는 뜻으로 주로 쓰입니다. 특히 건설 현장 등에서 일을 시작하기 전에 하는 준비 과정을 단도리라고 부르곤 합니다. 외국에서 들어온 말은 우리나라에 정착하면서 때때로 뜻이 변형되어 쓰이기도 합니다. 이렇게 의미가 바뀐 외국어 대신 쉬운 우리말을 사용하면 어떨까요?

단도리 대신 채비, 준비

😮 선생님, 다람쥐가 쉬지 않고 움직여요.

😌 추운 겨울을 지낼 준비를 하려고 열심히 도토리를 모으는 거란다.

데나오시 :

건축 분야에서 자주 사용되는 일본어로 '데나오시'라는 말이 있습니다. 데나오시는 처음부터 다시 한다는 뜻出直し과 불완전한 곳을 고친다는 뜻手直し의 두 가지 의미가 있는데, 건설 현장에서는 일반적으로 공사 후에 추가로 보완이나 손질 작업을 하는 경우에 쓰이곤 합니다. 우리말로는 '보완 공사', '재공사'라고 하면 쉽게 알 수 있습니다. 소통이 원활하려면 뜻이 명확한 말을 사용해야 합니다. 건설 현장에서도 원활한 소통을 위해 쉬운 말을 사용하면 좋겠습니다.

데나오시 대신 보완 공사, 재공사

😉 이번 보완 공사는 꼼꼼하게 마무리합시다.

🙂 재공사를 하는 사태는 피해야겠지요.

도란스:

우리나라는 220V 전압을 쓰고 있지만, 110V 전압을 쓰고 있는 나라들도 있습니다. 일본이 대표적입니다. 이런 나라로 여행을 가면 전압을 바꾸어 주는 장치를 챙겨야 합니다. 반대로 110V용으로 만들어진 해외 전자제품을 우리나라에서 사용할 경우에도 이 장치가 필요하지요. 이 기기를 '도란스'라고도 부릅니다. 도란스는 변압기를 가리키는 '트랜스포머transformer'의 '트랜스trans'를 일본식으로 읽은 말입니다. 일본식 표기를 그대로 따라 쓸 이유는 없습니다. 도란스 대신 '변압기'라고 해야 합니다.

도란스 대신 변압기

😮 이런, 전기 주전자와 전압이 맞지 않네요.

😉 그래서 제가 변압기를 챙겨 왔지요.

땡깡 :

자기 고집에 못 이겨 억지로 떼를 쓰는 아이한테 "땡깡 부리지 마!"라고 혼을 냅니다. '땡깡'은 일본어 '덴칸癲癇'에서 온 말로, 뇌전증이라는 질병을 가리키는 용어입니다. 떼를 부리는 아이를 혼내기에 적절한 표현이 아닙니다. 땡깡 대신 '생떼'라고 하면 아이들도 더 쉽게 이해하고 올바른 표현을 배울 수도 있습니다. 이제 땡깡이 아니라 생떼라고 써 보세요.

땡깡 대신 생떼

너무 지쳐 보이는데 괜찮아?

아이가 밥을 안 먹겠다고 생떼를 부려서 힘들었어.

땡땡이 무늬

여름철에 땡땡이 무늬 옷을 자주 볼 수 있습니다. '땡땡이 무늬'는 작고 동글동글한 물방울 모양을 본떠 만든 무늬를 말합니다. '땡땡'은 동그란 점이 여럿 있다는 뜻의 일본어 '덴텐点々'에서 왔다고 합니다. 국적 불명의 단어보다 '물방울무늬'라고 하면 뜻이 더 쉽고 명확하게 전달됩니다.

땡땡이 무늬 대신 물방울무늬

🙂 어떤 옷이 마음에 들어요?

😍 저 물방울무늬 치마가 마음에 들어요.

레자 :

가죽을 사용하는 옷이나 가구 등에 '레자'라는 분류를 붙이는 경우가 있습니다. 레자는 무두질 가공을 한 가죽을 뜻하는 영어 단어 '레더leather'를 일본식으로 읽은 말입니다. 다만 이 과정에서 뜻이 바뀌면서 인공적으로 만든 가죽만을 가리키게 되었습니다. 원래 단어와도 의미가 달라진 용어를 쓰기보다 '인조 가죽'이라고 하면 뜻이 더 분명하게 드러납니다.

레자 대신 인조 가죽

😉 인조 가죽으로 만든 옷이라 튼튼해요.

😮 인조 가죽 색깔도 참 예쁘네요.

만땅

주유소에서 종종 "기름을 만땅으로 채워 주세요"라는 말을 들어 본 적 있지요? 이렇게 가득 채운다는 의미로 '만땅'이라는 말이 자주 사용됩니다. 만땅은 한자 '찰 만滿'과 영어 '탱크tank'를 합성한 일본식 조어인 '만탕쿠滿タンク'를 줄인 말입니다. 정체를 알기 어려운 말 대신 '가득'이라는 쉬운 우리말을 사용하면 어떨까요?

만땅 대신 가득

휘발유를 얼마나 넣을까요?

가득 넣어 주세요.

무대포 :

아무런 준비 없이 다소 무모하게 일을 추진하는 사람을 두고 '무대포 같다'라고 합니다. 이렇게 무대포로 일을 하면 중요한 부분을 놓치기도 하고, 다른 사람에게 피해를 주기도 합니다. 무슨 일이든 다짜고짜 시작하기보다 시간을 두고 천천히 생각하며 처리해야 합니다. '무대포'는 일본식 한자어인 '無鐵砲'에서 유래한 말로, 앞뒤 가리지 않고 무모하게 또는 막무가내로 행동하는 것을 뜻합니다. 무대포 대신 '막무가내' 또는 '무모하게' 등으로 쓰면 이해하기 쉽습니다. 쉽고 분명한 우리말을 두고 일본어를 막무가내로 사용할 필요는 없습니다.

무대포 대신 막무가내, 무모하게

☹ 지금 생각해 보니 예전에 나는 막무가내로 일만 했더라.

😑 그때 너는 누구의 말도 듣지 않았지.

분빠이 :

'분빠이'는 '분배分配'의 일본식 발음입니다. 일본어 발음을 그대로 사용하기보다 쉽고 분명한 '분배', '나눔'과 같은 말을 사용하면 어떨까요? 마찬가지로 여럿이 돈을 나누어 내는 것을 '와리캉割り勘' 또는 '베츠베츠別々'라는 일본어로 표현하는 경우가 있는데, 이것 역시 '각자 내기'라는 우리말로 바꾸어 써야 합니다.

분빠이 대신 분배, 나눔

🙂 사탕이 9개 남았네. 너랑 나랑 나눠서 먹자.

😰 공평하게 나누려면 어떻게 해야 하지?

뽀록 :

자기만 몰래 알고 넘어가려던 일을 다른 사람에게 들키면 아주 당혹스럽습니다. 이런 경우에 뽀록났다고 표현하곤 하지요. '뽀록'은 일본어 '보로ぼろ'에서 온 말로 원래 넝마, 누더기, 허술한 것, 결점 등의 뜻을 갖고 있습니다. 우리는 주로 감춘 일을 들키거나 숨긴 사실이 드러났을 때 사용하지요. 뽀록 대신 '들통'이라는 뜻이 분명한 우리말을 사용하면 더 기억하기 쉽습니다.

뽀록 대신 들통

😵 그 회사에 무슨 일이 있어?

😮 그동안 숨기고 있던 불법 거래가 모두 들통이 났대.

사라:

식당에서 가끔 "여기 앞사라 좀 주세요"라고 말하는 손님을 볼 때가 있습니다. 그러면 식당 직원은 작은 접시를 가져다주지요. '사라皿'는 접시를 뜻하는 일본어입니다. 일부 지방에서는 정착되어 자주 사용되기도 합니다. 그러나 일상 용어라면 누구나 더 쉽게 알 수 있는 말을 사용해야겠지요? 사라는 '접시'라고 하면 됩니다.

사라 대신 접시

☺ 개인별로 앞접시가 있어야겠네요.

😆 제가 가지고 올게요.

쇼부 :

어떤 일을 결정해야 할 때 자주 쓰는 일본어가 있습니다. 바로 '쇼부'입니다. 쇼부는 '승부勝負'를 일본어로 읽은 말입니다. 일본에서는 단어의 원래 뜻대로 이기고 지는 승부라는 의미로 사용되지만, 우리나라에서는 물건을 사거나 어떤 일을 위해 흥정을 끝내야 하는 상황에서 주로 사용됩니다. 쇼부는 '승부', '흥정', '결판' 등으로 바꾸어 쓸 수 있습니다.

쇼부 대신 승부, 흥정, 결판

😲 행사 장소를 어디로 할지 김 대리랑 아직도 논의하는 중이야?

😑 오늘은 무슨 일이 있어도 결판을 봐야지.

스텐, 스뎅

반찬 통을 사러 가게에 갔습니다. 그런데 반찬 통 종류가 너무 많아 무엇을 사야 할지 고민이 되었습니다. 가게 주인에게 추천해 달라고 하자 그는 "스뎅으로 만든 제품이 잘 나가요"라고 했습니다. '스뎅'이나 '스텐'은 녹이 잘 슬지 않도록 만든 철강 합금인 스테인리스강을 일본에서 줄여서 부르는 말입니다. 원래 이름인 '스테인리스'라고 하거나 그 특성에 맞게 붙여진 순우리말 '안녹쇠'라고 하면 더 좋습니다.

스텐, 스뎅 대신 스테인리스, 안녹쇠

☺ 어떤 그릇을 살 거예요?

😆 스테인리스로 만든 그릇이 좋겠어요.

시다바리 :

"내가 네 시다바리가?"라는 유명한 영화 대사를 들어 봤나요? '시다바리'는 도배를 하기 전에 앞서 바르는 밑종이 또는 그 밑종이를 붙이는 일이라는 뜻의 일본어 '시타바리下張り'에서 온 말입니다. 우리나라에서는 보통 보조하는 사람이라는 뜻으로 사용되지요. 이 역시 우리나라와 일본의 사용법이 다르고 출처가 모호한 단어인 만큼 '보조원', '수습 직원'으로 바꾸어 쓰면 뜻을 전달하기 쉽습니다.

시다바리 대신 보조원, 수습 직원

😠 내가 너의 보조원이야?

😨 아니, 너는 나의 친구지.

시마이 :

"시마이합시다!"라는 말을 들어 본 적이 있나요? '시마이仕舞い'는 하던 일을 끝냄 또는 그런 때를 뜻하는 일본어입니다. 비슷한 경우로 공장 등에서 어떤 일감을 마지막으로 손질하는 것을 가리켜 쓰는 '시아게仕上げ'라는 말도 있는데, 두 단어 모두 우리말인 '마감', '끝냄'으로 순화해서 사용하면 뜻이 훨씬 잘 전달됩니다.

시마이 대신 마감, 끝냄

😉 정신없이 하다 보니 회의가 길어졌네요. 늦었으니 어서 끝냅시다.

🙂 네, 알겠습니다.

신삥

'신삥新品'은 새것을 뜻하는 일본어로, 군대에 갓 들어온 신병이나 어느 집단에 새로 들어와 익숙하지 않은 사람을 낮잡아 가리킬 때도 사용합니다. 사람을 물건 취급하는 이런 저속한 표현 대신에 사람을 가리킬 때는 '새내기', 물건을 가리킬 때는 '신품'이나 '새것'으로 바꾸어 써야 합니다. 이렇게 쉬운 말을 쓰면 상대를 낮잡아 보는 시선도 없앨 수 있지요.

신삥 대신 새내기, 신품, 새것

현수 씨는 일을 잘해요?

아직 새내기라 일이 서투르네요.

십팔번 :

흥겨운 자리에 노래가 빠지면 아쉽습니다. 특히 노래를 잘하는 사람은 언제든 노래를 부를 준비가 되어 있지요. 그런 사람에게 보통 "십팔번이 뭐예요?"라고 묻습니다. '십팔번'은 가장 즐겨 부르는 노래를 뜻하는 말입니다. 일본의 유명한 가부키 집안에 전해 오던 인기 연주 목록인 18번에서 유래했지요. 즐겨 부르는 노래를 뜻하는 쉬운 우리말이 있습니다. 바로 '애창곡'입니다. 앞으로 누군가에게 노래를 청할 때에는 "애창곡이 뭐예요?"라고 하면 어떨까요?

십팔번 대신 애창곡

다음 순서는 뭐지요?

이제 돌아가며 자신의 애창곡을 한 곡씩 부를 거예요.

쓰키다시 :

'쓰키다시'는 일본 요리에서 처음에 내놓는 가벼운 안주나 반찬을 뜻하는 말입니다. 쑥 내민다는 뜻의 일본어 '쓰키다스突き出す'에서 유래했습니다. 일본에서도 '전채'라는 의미로 사용되고 있지만, 우리 입장에서는 발음하기도 어렵고 뜻을 금방 알기도 어렵습니다. 쓰키다시 대신 '곁들이 찬'이라고 하면 뜻이 쉽게 드러납니다.

쓰키다시 대신 곁들이 찬

☺ 오늘도 사거리에 있는 식당에서 식사하시나 봐요.

😆 그 식당은 곁들이 찬이 좋아서 자주 가요.

야매 :

'야매'는 어둠을 뜻하는 '야미闇' 라는 일본어에서 유래한 말로, 뒷거래나 불법적인 거래 등을 뜻합니다. 뜻을 정확하게 알기 어려운 정체불명의 말 대신 명확한 말을 사용해야겠지요. 야매는 '뒷거래'나 '불법 거래' 등으로 바꾸어 쓸 수 있습니다. 또한 일본에서 무면허 의사를 '야미이샤闇医者'라고 하듯이 우리나라에서도 야매라는 단어를 붙여 무자격자를 낮잡아 부르기도 합니다. 이럴 때에는 '비합법'이나 '무면허'로 순화하여 써야 합니다.

야매 대신 뒷거래, 불법 거래, 비합법, 무면허

- 얼마 전에 의료 사고가 발생해서 화제가 되었죠.
- 그 수술을 한 사람이 무면허 의사였다고 하더라고요.

엔코 :

자동차에 연료가 부족할 때 "차가 엔코 났어"라고 말하곤 합니다. '엔코'는 어린아이가 힘없이 털썩 주저앉은 모습을 뜻하는 일본어에서 가져온 말입니다. 자동차 등이 고장 나서 움직이지 못하는 경우에 사용하기도 하지요. 엔코라는 일본어가 어떻게 해서 자동차 연료 부족을 뜻하는 말이 되었는지는 알 수 없습니다. 뜻도 정확하지 않은 일본어를 그대로 사용하기보다는 '연료 부족'이라고 하면 뜻이 명확하게 드러납니다.

엔코 대신 연료 부족

☹ 이런, 아직 갈 길이 먼데 연료 부족 표시가 뜨네.

😮 가까운 주유소를 찾아볼게.

와사비 :

회를 먹을 때 실과 바늘처럼 간장과 함께 따라오는 양념이 있습니다. 강판에 곱게 갈아 나오는 이 톡 쏘는 매운맛의 초록색 향신료를 흔히 '와사비山葵'라고 부릅니다. 와사비는 고추냉이에 속하는 식물의 땅속줄기를 갈아 만드는 것이니 와사비 대신 '고추냉이'라고 하면 어떨까요? 이렇게 쉬운 말을 사용하면 어떤 식물로 만들었는지도 쉽게 알 수 있습니다.

와사비 대신 고추냉이

☺ 고추냉이를 많이 넣어야 맛있다고 하던데요.

😆 너무 많이 넣으면 매워서 못 먹을 거예요.

잇파이 :

'잇파이 一杯'는 하나의 잔杯에 가득 찼다는 뜻의 일본어입니다. 그래서 분량이나 수효가 어떤 범위나 한도에 꽉 찬 모습을 표현할 때 사용하기도 합니다. '잇빠이' 또는 '이빠이'라고도 합니다. 그런데 일본어를 사용해야 하는 상황이 아니라면 쉬운 우리말 대신 굳이 일본어를 쓸 필요가 있을까요? 잇파이를 '가득', '한껏', '많이'로 바꾸어 쓰면 듣는 사람도 쉽게 이해할 수 있습니다.

잇파이 대신 가득, 한껏, 많이

😮 그 식당 예약하기 힘들다고 하던데.

😉 어렵게 예약했지. 그래서 오늘만큼은 많이 먹을 거야.

지리 :

'지리'는 흰살생선을 잘라 두부, 채소 등과 함께 냄비에 넣고 끓여 초간장에 찍어 먹는 일본 냄비 요리 '지리나베ちり鍋'에서 온 말입니다. 일본식 지리나베는 생선만 넣지만, 우리나라에서는 생선 대신 고기를 넣기도 합니다. 또 맑은 국물이 진하게 우러나도록 오래 끓여서 청양고추와 소금이나 간장으로 맵싸하게 간을 맞춘 국을 말하므로 애초에 다른 음식으로 보아도 좋을 듯합니다. 지리 대신 '맑은탕'이라고 하면 누구나 쉽게 뜻을 알 수 있습니다.

지리 대신 맑은탕

😆 매운탕이 먹고 싶어요.

🥺 속이 안 좋을 때에는 매운탕보다는 맑은탕을 먹어야지.

쿠사리 :

"나 오늘 실수해서 쿠사리 엄청 들었어"라며 속상해하는 친구를 위로한 적이 있습니다. '쿠사리'는 일본어로 '썩어 빠진'이라는 뜻의 '구사레腐れ'라는 욕설이 변형된 말입니다. 사람을 앞에 두고 욕을 하면 기분이 좋을 리가 없겠지요. 이러한 맥락에서 우리나라에서는 맞대어 놓고 언짢게 꾸짖거나 비꼬아 꾸짖는 경우를 일컫는 말로 사용합니다. 우리말이 아니어서인지 낯설고 어렵게 느껴지지요. 쿠사리는 쉬운 말로 '면박', '핀잔'으로 바꾸어 쓸 수 있습니다.

쿠사리 대신 면박, 핀잔

- 작은 실수에 그렇게 면박을 주다니 정말 속상했겠다.
- 내가 실수했으니 어쩔 수 없지.

후리카케

완성된 음식에 김 가루나 참깨를 뿌리면 더 맛있어지기도 합니다. '후리카케'는 김과 참깨, 가다랑어 숙성포, 소금 등이 혼합된 가루로 밥이나 면에 뿌려 먹는 조미료입니다. 일본어로 '흔들어 뿌리다振り掛ける'라는 의미인데, 우리말이 아니어서 뜻을 바로 알기 어려운 말이지요. 후리카케 대신 '맛 가루'라고 하면 더욱 쉽게 그 용도를 알 수 있습니다.

후리카케 대신 맛 가루

😆 내 우동에 맛 가루 많이 뿌려 줘.

😉 우동에는 맛 가루를 많이 넣어야 제맛이지.

3장 뜻을 알기 어려운 한자어

가假:

지인에게서 옥상에 가건물을 세웠다가 불법 건축물이라는 통보를 받고 철거했다는 이야기를 들었습니다. 가건물은 임시로 지은 건물을 뜻하는 말입니다. 가건물, 가접수, 가문서 같이 일상에서도 '가假'가 결합된 말들이 자주 사용됩니다. 가건물, 가접수, 가처분 등에 사용된 '가'는 '임시'라는 뜻이고, 가문서에 쓰인 '가'는 가짜라는 뜻입니다. 뜻을 명확하게 나타내려면 '임시' 또는 '가짜'라는 말을 써야 합니다. 가처분은 '임시 처분', 가건물은 '임시 건물', 가접수는 '임시 접수', 가문서는 '가짜 문서'라고 쓰면 뜻이 더 분명하게 드러납니다.

가 대신 임시, 가짜

😵 서류가 접수되었나요?

🙂 아직은 임시 접수 상태입니다.

가급적可及的

무더운 한여름이나 미세먼지가 심한 날은 가급적 외출을 피하라는 문자를 받곤 합니다. '가급적'은 사전에서 '할 수 있는 것, 또는 형편이 닿는 것'이라고 풀이하고 있습니다. '가급적이면 빨리 처리해야죠', '가급적 많이 와 주시면 좋지요'와 같이 일상생활에서 자주 사용하는 말이지만, 더 쉬운 우리말이 있습니다. '되도록', '될 수 있으면'으로 바꾸어 쓸 수 있지요.

가급적 대신 되도록, 될 수 있으면

☺ 내일 오후에 갈게요.

☺ 되도록이면 빨리 오세요.

가중加重되다 :

대중교통 요금이나 세금을 올릴 때면 가계 부담이 가중된다는 기사가 많이 나옵니다. '가중되다'는 사전에서 '부담이나 고통 따위를 더 크게 받거나 어려운 상태가 심해지게 되다'로 풀이하고 있습니다. '여러 번 죄를 저지르거나 같은 죄를 저질러서 형벌이 더 무거워지다'라는 뜻의 법률 용어로도 사용됩니다. 한자의 뜻을 모르면 어려운 말이지요. 가중되다 대신 '더 무거워지다' 또는 '더 커지다'라고 하면 더 쉽게 이해할 수 있습니다.

가중되다 대신 더 무거워지다, 더 커지다

☺ 새로 이사한 곳은 어때요?

☹ 편의 시설이 가까워서 좋지만 아이 학원비 부담이 더 커졌어요.

간석지干潟地

바닷가에서 썰물 때가 되면 사람들은 조개를 잡기도 하고, 진흙을 가지고 재미있게 놀기도 합니다. 이렇게 밀물 때는 물에 잠기고 썰물 때는 물 밖으로 드러나는 모래 점토질의 평탄한 땅을 '간석지'라고 하지요. 이름만 들었을 때는 어떤 곳인지 알기 어렵습니다. 간석지는 '갯벌'이라고 하면 쉽습니다. 우리의 아름다운 자연을 더 많은 사람이 느낄 수 있도록 쉬운 말을 사용하면 좋겠습니다.

간석지 대신 갯벌

- 이 지역에서 가장 먼저 시작해야 할 일은 무엇인가요?
- 갯벌을 개간하는 일부터 해야 합니다.

감내堪耐하다 :

어려운 일을 참아 내야 하는 상황에서 '감내하다'라는 표현을 씁니다. '손해를 감내하다', '고통을 감내하다'와 같이 말하지요. '감내하다'는 어려움을 참고 버티어 이겨 낸다는 뜻입니다. 쉬운 말로 '버텨 내다', '견디다'로 쓸 수 있습니다. 이해하기 어려운 말을 견디지 말고, 이해하기 쉬운 말을 사용하면 어떨까요? 마음도 마찬가지입니다. 너무 힘든 일이나 마음은 버텨 내지 말고 잠시 내려 놓으세요. 때로는 시간이 흐르면 해결되는 일도 있습니다. '시간이 약이다'라는 말도 있잖아요!

감내하다 대신 버텨 내다, 견디다

☹ 손해를 조금 보더라도 그곳과 계약해야겠어요.

☺ 견딜 수 있는 손해인지 먼저 고민해 보세요.

개관開館하다 :

동네에 작은 도서관이 생긴다며 개관 행사 현수막이 걸렸습니다. 새로운 공간이 생긴다는 소식에 설레는 마음도 잠시, 아쉬운 마음이 들었습니다. 한자어가 아니라 우리말로 썼으면 어땠을까 하는 생각 때문이었지요. '개관하다'는 도서관이나 박물관 같은 곳이 처음으로 문을 열거나 하루의 일을 시작하기 위해 문을 연다는 뜻입니다. 이 경우에는 '문을 열다'라는 말로 하면 쉽습니다.

개관하다 대신 문을 열다

☺ 새로운 박물관은 언제 문을 여나요?

😆 다음 주 화요일에 열어요.

결석계缺席屆

몸이 아프거나 일이 있어 학교에 못 갔을 때 결석계를 내라는 말을 들어 본 적 있을 것입니다. 이때 '결석계'는 결석을 했거나 하려고 할 때 그 이유를 기록한 문서입니다. 결석의 이유를 알리기 위한 문서이지만, 결석계라는 말에는 문서라는 뜻이 드러나지 않습니다. 결석계 대신 '결석 신고서'라고 하면 뜻이 분명하게 드러납니다.

결석계 대신 결석 신고서

😟 결석 신고서는 언제까지 제출해야 하나요?

🙂 결석 후 3일 이내에 제출하시기 바랍니다.

경구용經口用

몸이 아프면 가장 먼저 집에 있는 약상자를 찾습니다. 약을 먹을 때는 약의 용량, 먹는 횟수, 방법 등을 꼼꼼하게 살펴보아야 합니다. 그런데 약의 설명서에는 여러 번 읽어도 무슨 뜻인지 알기 어려운 말이 많습니다. '경구용'이 대표적입니다. 약은 건강에 미치는 영향이 큰 만큼 설명서도 누구나 쉽게 이해할 수 있어야 합니다. '이 약은 경구용이 아닙니다'라는 문구를 누구나 금방 이해할 수 있을까요? '이 약은 먹는 약이 아닙니다'로 바꾸면 누구나 쉽게 뜻을 알 수 있습니다.

경구용 대신 먹는

😟 가장 먼저 연구해야 할 분야가 무엇인가요?

🙂 먹는 치료제를 개발해야 합니다.

계도啓導

무슨 일이든 새롭게 시작할 때는 준비할 시간이 필요합니다. 특히 새로운 제도나 정책을 시행할 때는 온 국민이 알 수 있도록 널리 알려야 하지요. 그래서 계도 기간을 거칩니다. 본격적으로 어떤 정책을 시행하기 전에 이를 정확히 알리고 일깨워 주기 위한 기간입니다. 이때 사용된 '계도'는 남을 깨치어 이끌어 준다는 뜻입니다. 선생님이 학생들을 깨우치게 할 때도 종종 쓰지요. 중요한 사항을 알리고 일깨우려면 무엇보다 누구나 뜻을 금방 알 수 있어야 합니다. 계도 대신 '알림', '일깨움', '홍보'로 바꾸어 쓰면 어떨까요?

계도 대신 알림, 일깨움, 홍보

😮 우회전할 때 일시 정지를 해야 한대요. 우선 알림 기간을 갖고 단속한다고 하네요.

🙂 운전할 때 주의해야겠어요.

계류繫留 중 :

'그 안건은 국회에서 계류 중이다'라는 말을 들어 보셨나요? '계류 중'은 아직 해결되지 않고 처리하는 과정이라는 뜻입니다. 국회에서는 안건을 처리 중이더라도 일반인이 보기에는 그대로 머물러 있는 듯한 느낌입니다. 사람들은 아무런 진척 없이 그대로 멈춰 있는 상황을 견디기 힘들어합니다. 게다가 뜻을 알기 어려운 말까지 사용하니 더 답답해하지요. 계류 중이라는 말 대신 '처리 중'이라고 하면 사람들도 더 차분히 기다릴 수 있지 않을까요?

계류 중 대신 처리 중

☹ 입안을 추진하던 법은 어떻게 되어 가고 있나요?

☺ 그 법안은 아직 국회에서 처리 중입니다.

계상計上하다 :

회계는 모든 업종에서 매우 중요한 업무입니다. 작은 실수가 큰 문제를 일으키기도 합니다. 그런데 어려운 말들 때문에 간단한 업무도 이해하기 어려울 때가 많습니다. '인건비를 현물로 계상하다'와 같은 표현도 그렇습니다. 이때 '계상하다'는 계산하여 올린다는 뜻으로 문맥에 따라 '계산하여 넣다'처럼 쉽게 풀어 쓸 수 있습니다. 중요한 일을 실수 없이 처리할 수 있도록 쉬운 말을 쓰면 좋겠습니다.

계상하다 대신 계산하여 넣다

수리비는 어떻게 처리하면 되지요?

총비용에 수리비를 계산해서 넣었습니다.

계육鷄肉

우리나라 사람들은 유난히 닭고기를 좋아합니다. 한여름 복날에는 삼계탕을 먹고, 월드컵 같은 국가 간 경기가 있는 날은 온 가족이 모여서 치킨을 먹으며 응원합니다. 그런데 어떤 기사에서 '계육 가격 상승 지속'이라는 표현을 본 적이 있습니다. '닭고기'를 한자어로 쓴 말이 '계육'입니다. 한자어를 써서 얻는 효과는 무엇일까요? 누구나 쉽게 기사를 읽으려면 불필요한 한자어 대신 알기 쉬운 말을 써야 합니다.

계육 대신 닭고기

- 닭고기 가격이 또 올랐대.
- 주말에 삼계탕 만들어 먹으려고 했는데 다른 거 먹을까?

고관절股關節

우리 몸에는 수많은 관절이 있습니다. 그만큼 관절의 이름도 많지요. 하루는 '고관절 통증의 원인을 알려 드립니다!'라는 게시물을 본 적이 있습니다. '고관절'은 어떤 부위를 말하는 걸까요? 고관절은 '엉덩 관절'을 뜻합니다. 관절의 건강 관리를 위해서 관절 이름도 쉽게 부르면 어떨까요? 그러고 보니 의학 용어에 유독 한자어가 많은 듯합니다. 환자가 자신의 건강을 잘 관리할 수 있도록 쉬운 말을 더 많이 쓰면 좋겠습니다.

고관절 대신 엉덩 관절

☺ 이 약은 엉덩 관절이 아플 때 드세요.

☺ 네, 감사합니다.

고수부지高水敷地

서울에서 가까운 곳으로 나들이를 가고 싶을 때 어떤 곳이 먼저 떠오르나요? 아마 많은 사람이 한강을 떠올릴 것입니다. 여행 온 외국인들에게도 사랑받는 곳이지요. 흔히 한강 근처 산책로를 한강 고수부지라고도 합니다. 그런데 이는 정확한 표현이 아닙니다. '고수부지'는 큰 물이 날 때만 물에 잠기는 하천 언저리의 터를 가리킵니다. 우리가 놀러 가는 곳과는 조금 다르지요. 고수부지 대신 '둔치'라고 하면 어떨까요?

고수부지 대신 둔치

😆 오늘 날씨가 참 좋다.

😉 한강 둔치로 나들이 갈래?

고지告知

우리는 살면서 납세 고지서, 관리비 고지서, 범칙금 고지서 같은 다양한 고지서를 받습니다. 고지서는 법적 권한이 있는 기관에서 세금 등을 납부하라고 알리는 문서입니다. 여기에 쓰인 '고지'는 글 등을 통해 무언가를 알리는 일을 말합니다. 국민에게 알리는 안내문이라면 누구나 쉽고 명확하게 이해할 수 있는 말을 사용해야 합니다. 고지는 '알림'이라고 하면 쉽습니다. 고지서는 '알림 문서'라고 하면 더욱 좋지 않을까요?

고지 대신 알림

- 보험 계약을 하기 전에는 중요한 사항을 알려야 해요.
- 맞아요. 그렇지 않으면 계약을 해지할 수도 있어요.

공수표空手票

수표는 큰 금액을 거래할 때 편리합니다. '공수표'는 어떤 수표를 뜻할까요? '공空'은 비어 있다는 뜻을 지닌 한자어이니 '빈 수표', 즉 은행에 거래가 없거나 거래가 정지된 사람이 발행한 수표 또는 잔액이 없는 수표를 가리킵니다. 뜻을 명확히 하려면 '부도 수표'라고 해야 합니다. 이를 비유적으로 사용하면 실행 없는 약속을 뜻하는 말이 되기도 하지요. 약속을 잘 지키지 않는 사람에게 "공수표 날리지 마세요!"라고 말할 때처럼 말입니다. 이때는 '가짜 약속'이라고 쓰면 어떨까요?

공수표 대신 부도 수표, 가짜 약속

☹ 거래처에서 받은 수표가 모두 부도 수표였다는군요.

😮 어떻게 그런 일이…….

공제控除하다 :

얼마 전 한 공모전 안내문을 보았습니다. 1등을 한 사람에게 꽤 큰 상금을 주는 공모전이었습니다. 그런데 안내문 아래쪽에 작은 글씨로 '상금은 세금을 공제한 후 지급합니다'라고 적혀 있었습니다. '공제하다'는 받을 몫에서 일정한 금액이나 수량을 뺀다는 뜻입니다. 내가 받게 될 금액을 정확히 알 수 있도록 쉬운 말을 써야 합니다. 공제하다는 '빼다' 또는 '떼다'로 바꾸어 쓰면 쉽습니다.

공제하다 대신 빼다, 떼다

☹ 이번 달 월급에서 뗀 금액의 구체적인 내용을 알고 싶어요. 확인할 수 있을까요?

☺ 네, 확인할 수 있도록 명세서를 발급해 드릴게요.

관인官印 :

서류를 제출할 때 “관인을 찍으세요”라는 말을 가끔 듣습니다. ‘관인’은 정부 기관에서 발행하는, 인증이 필요한 문서에 찍는 도장을 뜻합니다. 행정 업무에서 사용하는 어려운 말은 복잡한 행정 처리만으로도 머리가 아픈 민원인을 더욱 힘들게 만듭니다. 관인은 ‘기관 도장’이라고 하면 훨씬 이해하기 쉽습니다.

관인 대신 기관 도장

- 서류에 보완할 점이 더 있나요?
- 서류 마지막 부분에 기관 도장을 찍어 주세요.

관할管轄

"여기는 저희 관할이 아닙니다", "신고하시려면 관할 경찰서로 가세요"라는 말을 들어 본 적이 있나요? 여기에서 사용된 '관할'은 어떤 권한을 가지고 통제하거나 지배한다는 뜻입니다. 일상에서 종종 쓰는 말이라 뜻을 짐작할 수 있지만 더 쉬운 말이 있습니다. 관할은 '담당'이라는 말로 바꾸면 쉽게 뜻이 통합니다. 자주 사용하는 말이라고 하더라도 뜻이 쉽게 통하는 말을 사용해야 합니다.

관할 대신 담당

☹ 이 지역을 담당하는 경찰서가 어디죠?

☺ 이 길을 따라서 10분만 걸어가면 나와요.

구기嘔氣 :

약 설명서에서 '이 약은 구기를 일으킬 수 있습니다'라는 문장을 봤습니다. '구기'가 어떤 증상을 말하는지 한번에 알 수 없었습니다. 구기는 뱃속의 불편함이나 구토하고 싶은 느낌을 뜻하는 말입니다. 속이 불편해 약을 먹어야 하는 사람에게 어려운 말을 쓰면 속이 더 불편해지지요. 구기는 '메스꺼움'으로 바꿔 쓸 수 있습니다.

구기 대신 메스꺼움

🙂 메스꺼움이 느껴질 때는 약 복용을 중단하세요.

😰 네, 알겠습니다.

구내염口內炎

입안이 아프면 음식을 먹기도, 말을 하기도 힘듭니다. 보통 이런 증상을 구내염이라고 하지요. '구내염'은 입안 조직에 생기는 염증을 뜻합니다. 병 이름이 쉬우면 어떤 부분을 조심해야 할지도 잘 알 수 있지 않을까요? 구내염은 입안에 생긴 염증이니 '입안염'이라고 하면 뜻을 쉽게 알 수 있습니다. 입안은 관리를 잘해야 하고, 조금이라도 이상이 있으면 치과에 바로 달려가야 합니다. 시기를 놓치면 입안의 병이 몸속으로 번져 더 큰 병을 불러오기도 합니다.

구내염 대신 입안염

😨 입안에 염증이 생겼는지 너무 아파요.

🙂 입안염 치료 연고를 발라 보세요.

권면券面

경제에 대한 관심은 높아졌지만, 경제 용어는 여전히 어렵습니다. 대표적인 말이 증권과 관련해서 사용되는 '권면'입니다. 뉴스에서 '권면 총액'이라는 말로 자주 나오지요. 이때 권면은 증권의 금액이나 번호가 적혀 있는 겉면을 뜻하는 말입니다. 용어를 쉽게 바꾸면 그 분야를 잘 모르는 사람도 편하게 다가갈 수 있습니다. 권면은 '증권 표기'라는 쉬운 말로 바꾸어 쓸 수 있습니다.

권면 대신 증권 표기

😕 권면 총액이 뭐예요?

🙂 증권 표기 총액을 말해요.

귀책사유歸責事由

계약서에서 '귀책사유가 있을 때'와 같은 표현을 자주 볼 수 있습니다. 이혼 법정에서도 '귀책사유가 있는 배우자'라는 말을 쓰지요. '귀책사유'는 의사 능력이나 책임 능력이 있고 고의나 과실이 있을 때 법률적인 불이익을 부과하기 위해 필요한 요건을 말합니다. 어려운 법률 용어이지요. 일반인이 보는 문서라면 전문 용어를 그대로 사용하기보다는 '책임 있는 사유'와 같이 풀어 써야 합니다.

귀책사유 대신 책임 있는 사유

☺ 거래처의 책임 있는 사유가 인정돼서 손해 배상을 받을 수 있대.

☺ 정말 다행이다.

금일今日 :

요즘 각종 매체에서 문해력과 어휘력에 주목하고 있습니다. 한 게시물에서는 "금일 진료는 12시까지입니다"라고 안내했다가 "오늘은 금요일이 아니라 수요일인데요"라는 답을 들었다는 내용도 있었습니다. 낮아진 문해력과 어휘력도 문제지만 쓸데없이 한자어를 쓰는 습관도 문제입니다. 금일은 '오늘'이라고 하면 쉽습니다. 비슷한 예로 '익일翌日'은 '다음 날'이나 '이튿날'로 쓰면 더 좋습니다. 어제, 오늘, 내일, 모레…… 얼마나 아름다운 우리말인가요?

금일 대신 오늘

저희 매장은 오늘 쉽니다.

아쉽네요. 다음에 오겠습니다.

기旣

예전에 듣고 싶은 강의가 있어서 등록해 놓았는데 갑자기 일이 바빠져서 듣지 못했습니다. 얼마나 아쉬웠는지 모릅니다. 그래서 바쁜 일이 끝나고 다시 그 강의를 찾아봤습니다. 기수강자에게는 할인권이 제공되어 조금 더 저렴한 가격에 등록할 수 있다고 적혀 있었습니다. 그 글을 보니 반가웠지만 '기수강자'라는 말이 아쉽기도 했습니다. 이때 '기'는 '그것이 이미 된', '그것을 이미 한'이라는 뜻의 한자어입니다. 일상 대화에서는 거의 사용하지 않고, 공문서 등에서 종종 볼 수 있습니다. 글로 쓸 때도 누구나 쉽게 알 수 있는 표현을 써야 합니다. 기는 '이미'나 '앞서'로 바꾸면 쉽습니다.

기 대신 이미, 앞서

☹ 지난주에 신청서를 제출했는데 다시 제출해야 하나요?

☺ 이미 제출한 분은 안 내도 됩니다.

기명 날인記名捺印

행정 처리를 하려고 공공 기관에 방문하면 서류를 작성해야 하는 일이 많지요. 작성할 서류만큼 어려운 용어도 많습니다. '기명 날인'이 대표적입니다. 이 말은 '이름을 적고 도장을 찍음'이라는 뜻입니다. 이렇게 쉽게 표현할 수 있는데 굳이 어려운 한자어를 쓸 필요는 없습니다. 쉬운 말로 절차를 안내하면 더 수월하게 행정 처리를 할 수 있습니다.

기명 날인 대신 이름을 적고 도장을 찍음

😊 신청서를 적을 때 어려움은 없으셨어요?

😆 담당자가 서류를 주면서 이름을 적고 도장을 찍으라고 안내해 주어서 잘 마쳤어요.

기부 채납寄附採納

재건축 관련 기사에서 종종 보게 되는 단어가 있습니다. 바로 '기부 채납'입니다. 기부 채납은 사전에서 '국가나 지방 자치 단체가 기반 시설을 확충하기 위해 사업 시행자로부터 재산을 무상으로 받는 일'로 풀이하고 있습니다. 실제로는 말 그대로의 기부라기보다 그에 따르는 대가나 혜택을 받는 경우에 사용됩니다. 기부 채납 대신 '공공 기증'이라고 하면 그 일을 하는 목적이 더 분명하게 드러납니다.

기부 채납 대신 공공 기증

기업은 건물을 지을 때 도로나 공원을 만들어서 공공 기증하면, 건물 높이 제한과 같은 혜택을 받기도 합니다.

기장記帳하다 :

자신의 가게나 회사를 운영하면 거래 내역과 지출 내역 등을 꼼꼼하게 정리해야 합니다. 그래서 안정적으로 자리 잡은 기업은 세무사나 회계사에게 매달 장부를 맡겨서 정리합니다. 이 회계 장부 등을 작성할 때 '기장하다'라는 표현을 사용하지요. 이 말은 '장부에 적다'라는 뜻입니다. 특정 분야에서 널리 쓰이는 말이라고 해도 더 쉬운 말을 사용하면 어떨까요?

기장하다 대신 장부에 적다

- 장부에 무엇을 적어야 하지요?
- 매달 거래 내용을 꼼꼼히 적어야 해요.

나대지裸垈地

지방에 있는 산소에 들렀다 밥을 먹으러 간 적이 있습니다. 식당 옆에 있는 부동산에 '나대지 매매'라고 적힌 종이가 붙어 있었습니다. 인터넷에 검색하면 '상가 근처 나대지'와 같은 표현도 종종 나옵니다. 부동산에 큰 관심이 없는 사람들은 '나대지'가 무엇을 뜻하는지 알 수 없습니다. 나대지는 지상에 건축물이 없는 땅을 뜻합니다. 토지와 관련된 공공 기관 문서에서 자주 볼 수 있는 표현이지요. 일본식 한자어이기도 한 나대지 대신 '빈 집터'라고 하면 쉽게 의미가 드러납니다.

나대지 대신 빈 집터

주택가 근처 빈 집터를 공원으로 만든다고 해요.

공원이 생긴다니 기대되네요.

내구연한耐久年限

음식에 유통 기한이 있듯이 기계나 건물 등에도 안전하게 사용할 수 있는 기간이 있습니다. 이를 흔히 '내구연한'이라고 하지요. 내구연한은 사전에서 '원래의 상태대로 사용할 수 있는 기간'으로 풀이하고 있습니다. 공사 장비나 소방관의 방화복처럼 안전과 직접적인 관련이 있는 물건들은 이 기간을 잘 확인해 교체해 주는 게 좋지요. 더 쉬운 말로 표현한다면 그 의미도 더 잘 전달되지 않을까요? 내구연한은 '사용 가능 기간'이라고 할 수 있습니다.

내구연한 대신 사용 가능 기간

😵 오래된 장비는 어떻게 처리하지요?

🙂 사용 가능 기간이 지난 장비들은 모두 폐기합니다.

내방來訪하다 :

궁금한 점을 물어보려고 병원에 전화를 하니 "자세한 상담은 병원으로 내방해 주세요"라고 했습니다. '내방하다'라는 말은 많이 사용해서 뜻을 미루어 짐작할 수는 있었지만 딱딱한 표현처럼 느껴졌습니다. 쉬운 우리말이 있기 때문이지요. '내방하다'는 만나러 찾아온다는 뜻입니다. 다시 말해 '방문하다' 또는 '찾아오다'로 바꾸어 쓸 수 있지요. 쉬운 우리말로 표현하면 뜻도 잘 전달되고 더 친절하게 들리지 않을까요?

내방하다 대신 방문하다, 찾아오다

🥺 진로 상담을 하고 싶은데요.

🙂 이 설문지를 작성하고 상담실을 방문해 주세요.

내주來週

인터넷에서 상품을 주문하고 다음 날 안내 문자를 받은 적이 있습니다. '주문하신 상품은 현재 추가 제작 중이라 내주 발송 예정입니다'라는 내용이었습니다. '내주'는 이 주의 바로 다음 주를 뜻하는 말로 '차주次週'라고도 합니다. 그러나 내주, 익주, 차주 모두 일상에서는 많이 사용하지 않는 말입니다. 안내 문자라면 누구나 쉽게 알 수 있어야 합니다. 내주 대신 '다음 주'라고 하면 더 명확한 문장이 될 텐데, 아쉬움이 남는 문자였습니다.

내주 대신 다음 주

☺ 다음 주에 한번 들르세요.

😆 네, 꼭 갈게요.

늑골肋骨

늑골염 진단을 받았다며 연락한 친구에게 어디가 아픈 거냐고 되물은 적이 있습니다. 친구는 병원에서 들은 진단명을 그대로 말한 것이었지요. 의학 분야에서 사용하는 신체 용어는 어려운 말이 많습니다. 환자가 자신의 몸 상태를 잘 알 수 있도록 쉬운 말을 사용하면 더 좋지 않을까요? '늑골'은 '갈비뼈'를 뜻합니다. 간혹 운동을 하다 다치거나 넘어지면서 갈비뼈가 부러지는 경우가 있으니 조심하세요.

늑골 대신 갈비뼈

☺ 지금도 갈비뼈가 아프신가요?

☺ 다행히 지금은 아프지 않아요.

매도賣渡하다 :

어려운 말 하면 부동산 분야를 빼놓을 수 없습니다. 부동산은 큰돈이 오가는 거래인 만큼 계약서를 꼼꼼히 봐야 합니다. 그런데 계약서에 어려운 말들이 많아 정확하게 이해하지 못하는 경우가 많습니다. 계약서에 적힌 어려운 단어의 뜻을 찾아보거나 다른 사람에게 물어봐야 하지요. 쉬운 말을 사용하면 거래하는 사람들끼리도 쉽게 소통할 수 있습니다. '매도하다'는 '팔다'라고 하면 더 쉽습니다.

매도하다 대신 팔다

😮 물려받은 땅을 정리한다고요?

🙂 네, 제가 관리할 여유가 없어서 팔려고 해요.

매점買占 :

코로나19가 확산되기 시작했던 시기에 일부 상인들의 마스크 매점 문제가 발생했습니다. 나중에는 물량이 부족해 1인당 살 수 있는 개수를 제한하기도 했지요. '매점'은 불공정 거래의 대표적인 예로, 어떤 물건의 가격이 크게 오를 것을 예상해서 많이 사들이는 일을 뜻합니다. 이러한 불공정 거래는 사라져야 합니다. 그리고 이러한 행위가 불공정 거래라는 사실을 제대로 알리려면 알기 쉬운 말을 사용해야겠지요. 매점은 '사재기'라고 하면 뜻이 분명하게 드러납니다.

매점 대신 사재기

😨 자연재해에 대한 우려가 높아지고 있어요.

😮 어떤 지역에서는 생필품 사재기 현상이 나타났대요.

매표소 賣票所

주말이면 놀이공원이나 박물관은 사람들로 북적입니다. 이런 곳은 표를 사야만 들어갈 수 있어서 입구부터 줄을 서 있습니다. 더욱이 가족 단위로 방문하는 경우가 많아 어린이들도 쉽게 찾을 수 있습니다. 그렇다면 어린이들도 쉽게 알 수 있는 말을 사용해야 합니다. 입장권을 파는 곳을 '매표소'라고 하지요. 매표소는 '표 사는 곳'이라고 쉽게 표현할 수 있습니다.

매표소 대신 표 사는 곳

😟 박물관에 들어가려면 어떻게 해야 하나요?

🙂 표 사는 곳에서 입장권을 사면 됩니다.

맹아萌芽 :

공원을 지나가다가 '가로수 맹아 작업 중'이라는 안내문을 보았습니다. 안내문을 보아서는 정확히 어떤 작업을 하는지 알 수 없었습니다. '맹아'는 풀이나 나무에 새로 돋아 나오는 싹을 뜻합니다. 가로수 맹아 작업은 가로수에 새로 난 곁가지 등을 정리하는 일을 말하지요. 맹아 작업이라는 말 대신 '가로수 가지치기'라고 하면 더 쉽게 이해할 수 있습니다. 맹아를 써야 하는 상황이라면 '움'이라고 하면 되겠지요.

맹아 대신 움

🙂 나무에 움이 트고 있네요.

😆 그러게요. 계절의 변화가 느껴져요.

맹지盲地

'맹지'는 표준국어대사전에 등재되지 않은 말이지만, 개발된 땅과 그렇지 않은 땅을 구별하여 말할 때 자주 사용됩니다. 일반적으로 맹지는 개발되지 않은 땅으로, 도로에서 멀리 떨어진 땅을 뜻합니다. 이런 땅에는 건축물을 지을 수도 없지요. 처음 부동산에 투자하는 사람들이 속아서 이런 땅을 사는 경우도 있습니다. 이러한 사기를 예방하려면 쉬운 말을 써야 합니다. 맹지는 '길 없는 땅'이나 '도로 없는 땅'이라고 하면 뜻이 쉽게 드러납니다.

맹지 대신 길 없는 땅, 도로 없는 땅

- 예전에 살던 동네를 찾고 있어요.
- 그쪽은 길 없는 땅이 많아서 찾기 힘들어요.

명찰名札

점심시간에 서울 강남이나 광화문을 가 본 적이 있나요? 회사가 많은 시내 한복판이라 점심을 먹으러 나온 직장인들을 많이 볼 수 있습니다. 직장인들의 목에는 자신의 소속과 이름이 적힌 명찰이 걸려 있지요. 학생들의 교복에도 명찰이 달려 있습니다. 어릴 때부터 명찰이라는 말을 자주 사용해 익숙하지만 더 쉬운 우리말이 있습니다. 명찰은 '이름표'라고 하면 뜻이 명확하게 드러납니다.

명찰 대신 이름표

☺ 행사에 오신 분들은 이름표를 달아 주시기 바랍니다.

☺ 네, 알겠습니다.

모두冒頭 발언

신문이나 뉴스에서 회의 소식을 접할 때면 자주 듣는 말이 있습니다. 바로 '모두 발언'입니다. 그런데 모두 발언이라는 말을 들으면 무슨 말인지 바로 파악되지 않습니다. 모두 발언은 회의나 연설 등을 할 때 첫머리에 하는 말을 뜻합니다. 처음에 하는 발언이라는 뜻이므로 '첫 발언'이라고 하면 뜻을 쉽고 명확하게 알 수 있습니다. 회의나 연설처럼 어려운 자리도 쉬운 말을 쓰면 더 편해지지 않을까요?

모두 발언 대신 첫 발언

☹ 회의가 시작되었나요?

☺ 지금 막 첫 발언을 하고 있어요.

무관無關하다 :

신문이나 뉴스에서 '○○○ 씨는 이번 사건과 무관하다고 말했습니다'라는 표현을 가끔 접합니다. '무관하다'는 어떤 사건의 원인과 결과 사이의 관계를 설명할 때 사용됩니다. 원인과 결과를 파악하는 일은 언제나 중요합니다. 그렇기에 쉬운 말을 써야 하지요. 같은 한자어라 하더라도 일상적으로 널리 사용하는 말을 쓰면 쉽게 소통할 수 있습니다. 무관하다는 '관계없다'라고 하면 누구나 쉽게 알 수 있습니다.

무관하다 대신 관계없다

😨 그 일은 나의 의지와 관계없이 일어났어.

😮 당황스러웠겠다.

미비未備하다 :

안전장치 미비로 인해 사고가 났다는 소식을 들을 때면 안타까움 때문에 마음이 무거워지곤 합니다. 무언가 완벽하게 갖추어지지 않았을 때 '미비하다'라는 말을 합니다. 특별한 이유가 없다면 '다 갖추지 못하다'라고 쉽게 풀어쓰면 어떨까요? 길게 풀어서 말하는 쉬운 말이 처음에는 어색할 수 있지만, 계속 말하다 보면 적응할 수 있습니다.

미비하다 대신 다 갖추지 못하다

☹ 안전시설을 다 갖추지 못하면 정기 점검 때 불이익을 받게 돼요.

☺ 네, 안전시설은 더 철저하게 갖추어야 해요.

미연未然에 방지防止하다 :

'소 잃고 외양간 고친다'라는 속담을 들을 때면 참 속상합니다. 미리 막을 수 있었는데 뒤늦게 손을 쓰니 아쉬운 마음이 들지요. 물론 사고가 일어나지 않도록 미리 예방하려는 노력도 많이 합니다. 이런 경우 '미연에 방지하다'라는 표현을 자주 사용합니다. 일어나지 않도록 미리 막아야 하는 일을 설명하는 경우에 말도 더 쉽게 써야겠지요. 이 말은 '미리 막다'라고 하면 쉽습니다.

미연에 방지하다 대신 미리 막다

☺ 사소한 실수로 생길 수 있는 사고는 미리 막아야 합니다. 실수한 곳은 없는지 확인해 주세요.

😆 네, 알겠습니다.

발아發芽

우리말 발음은 같지만 사용된 한자에 따라 뜻이 달라지는 한자어들이 많습니다. '발아'도 그중 하나입니다. 사전에서 발아는 '누에가 나방이 되어 고치를 뚫고 나옴' 또는 '씨앗에서 싹이 틈'이라고 되어 있습니다. 씨앗에서 싹이 트는 것을 말할 때는 발아 대신 '싹트기'라고 하면 쉽게 이해할 수 있습니다.

발아 대신 싹트기

😟 식물의 싹을 틔울 때 무엇이 가장 중요한가요?

🙂 물과 온도를 잘 맞춰야 해요.

변제辨濟하다 :

주택 임대 제도에서 전세는 우리 나라에만 있는 독특한 제도입니다. 그런데 가끔 전세 사기 뉴스를 접할 때면 마음이 아픕니다. 관련 기사를 읽다 보니 '최우선 변제금'이라는 단어가 눈에 들어왔습니다. 기사에는 최우선 변제금이 '소액 임차인의 경우 선순위 채권자가 있더라도 우선적으로 변제받을 수 있는 최소한의 금액'이라는 설명이 있었습니다. 임차인, 채권자 같은 어려운 단어가 많이 쓰인 문장에 변제라는 한자어까지 섞이니 더 어렵게 느껴졌습니다. '변제하다'는 남에게 진 빚을 갚는다는 뜻입니다. 쉬운 말을 사용하면 의미가 명확하게 드러나고 소통도 쉬워집니다. 변제하다는 '빚을 갚다'라고 하면 쉽습니다.

변제하다 대신 빚을 갚다

😟 어제 전체 회의에서 어떤 의견이 많았나요?

🙂 지난해 발생한 빚을 먼저 갚아야 한다는 의견이 대부분이었어요.

부합符合하다 :

어떤 기준에 맞는 대상을 찾았을 때 "우리가 생각한 기준에 부합하네요"라고 말하곤 합니다. 이때 '부합하다'는 부신符信이 꼭 들어맞듯 사물이나 현상이 서로 꼭 들어맞는다는 뜻입니다. '부신'은 나뭇조각이나 종이에 글자를 쓴 다음 둘로 나누어 각자 가지고 있다가 나중에 맞추어서 증거로 삼던 물건을 말합니다. '부합하다'라는 말보다 더 쉽게 뜻을 알 수 있는 말이 있습니다. 바로 '들어맞다'입니다. 상황에 꼭 들어맞는 쉬운 우리말이 있다면 그 말을 쓰는 게 더 좋지 않을까요?

부합하다 대신 들어맞다

- 제 이야기를 들어 보세요.
- 사실에 들어맞는 이야기만 하세요.

비말飛沫

코로나19를 비롯한 호흡기 질환은 비말로 전염됩니다. '비말'은 사전에서 '날아 흩어지거나 튀어 오르는 물방울'로 풀이하고 있습니다. 즉, 비말은 '침방울'이라고 할 수 있습니다. 질병을 예방하려면 정확한 정보를 알아야 합니다. 쉬운 말을 사용하면 정보를 더 정확하게 알 수 있지 않을까요?

비말 대신 침방울

🙂 대부분의 호흡기 질환은 침방울로 감염될 수 있으므로 마스크를 반드시 착용해 주세요.

😉 네, 알겠습니다.

빈번頻繁하다 :

하루는 읽고 싶은 책이 있어 도서관에 갔습니다. 책을 찾아서 넓은 책상에 앉았지요. 책상에는 작은 안내문이 붙어 있었습니다. '최근 도난 사고가 빈번하게 일어나고 있습니다. 자리를 비울 때는 귀중품을 꼭 챙겨 주세요.' 도서관에서 도난 사고가 일어나는 현실도 안타깝고 일상에서 한자어가 자주 사용되는 모습도 씁쓸했습니다. '빈번하다'는 사전에서 '번거로울 정도로 도수度數가 잦다'로 풀이하고 있습니다. '도수'는 거듭하는 횟수입니다. 뜻풀이도 어렵습니다. 쉽게 풀어 쓰면 '잦다'라고 할 수 있습니다. 좋은 일은 잦으면 좋고, 나쁜 일은 잦지 않아야겠지요.

빈번하다 대신 잦다

☹ 이곳은 신호등 고장이 잦아요.

☹ 사고가 나지 않게 새로 교체해야겠어요.

사양서仕様書

컴퓨터를 살 때는 제품 사양을 보고 결정합니다. 컴퓨터를 쓰는 목적에 따라 필요한 사양이 다르기 때문입니다. 제품 사양서에는 매우 중요한 정보가 담겨 있지요. 이때 '사양서'는 기계나 기기의 기능이나 사용법을 설명한 글을 뜻합니다. 기능이나 사용하는 방법을 알려 주려면 우선 쉬운 말을 사용해야 합니다. 사양서부터 쉬운 말로 바꾸어 쓰면 어떨까요? 사양서는 '설명서'라고 하면 쉽습니다.

사양서 대신 설명서

☺ 이 제품을 사용하기 전에 설명서부터 살펴보세요.

😆 네, 꼼꼼하게 살펴볼게요.

서방형 제제徐放型製劑

어느 제약 회사와 관련된 기사에서 '서방형 제제'라는 말을 보았습니다. 기사를 열심히 읽어도 서방형 제제의 뜻을 알 수 없었습니다. 약은 건강과 밀접한 관련이 있지만, 약에 대한 설명은 어렵기만 합니다. 약의 정보를 쉬운 말로 적어야 먹는 사람들도 안심하고 먹을 수 있지 않을까요? 서방형 제제는 '서서히 효과를 나타내는 알약'이라고 하면 쉽습니다.

서방형 제제 대신

서서히 효과를 나타내는 알약

☺ 이 약은 서서히 효과를 나타내는 알약이므로 으깨거나 녹이지 말고 그대로 복용하십시오.

☺ 네, 알겠습니다.

소양증搔癢症

환절기가 되면 기온의 변화 등으로 피부가 가려운 증상이 생기기도 합니다. 이러한 증상을 '소양증'이라고 하지요. 크게 위험한 질병은 아니지만 생활을 할 때 불편하고 괴로운 질병입니다. 어려운 병 이름도 괴로움을 더하지요. 병 이름이 쉬워야 건강을 위해 어떤 부분을 신경 써야 할지도 쉽게 알 수 있습니다. 소양증 대신 '가려움증'이라고 하면 의미가 쉽게 통합니다.

소양증 대신 가려움증

- 요즘 얼굴과 팔이 너무 가려워요.
- 꽃가루 때문에 생긴 일시적 가려움증으로 보입니다.

소정所定의 :

새로 문을 연 가게에서 행사를 하는 모습을 보았습니다. 진행자는 "참여해 주신 분들 중 세 분을 뽑아 소정의 상품을 드릴 예정입니다"라고 말하며 참여를 유도했습니다. 가끔 채용 공고에서 '입사 서류는 소정의 양식에 맞춰 작성해 주세요'와 같은 표현을 보기도 합니다. '소정의'라는 말의 뜻이 무엇인지 어렴풋이 짐작은 되지만 정확하게 알기가 어렵습니다. 이 말은 '정해진'이라고 쓰면 뜻이 쉽게 드러납니다.

소정의 대신 정해진

☺ 정해진 양식에 따라 보고서를 제출해 주세요.

☺ 네, 양식을 확인하겠습니다.

수령受領

인터넷에서 물건을 살 때 '반품 및 교환은 물품 수령 후 7일 안에만 가능합니다'라는 문구를 볼 수 있습니다. 이때 '수령'은 돈이나 물품 등을 받아들인다는 뜻으로 '받음'으로 바꾸면 뜻이 쉽게 통합니다. 일상에서 자주 쓰는 한자어 대신 쉬운 우리말을 사용하면 언어생활이 더욱 풍성해지겠지요?

수령 대신 받음

사은품은 접수처에서 받아 가세요.

네, 감사합니다.

수탁자受託者

계약서를 작성할 때 '수탁자'라는 표현을 자주 봅니다. 수탁자는 남의 부탁을 받거나 남의 물건 따위를 맡은 사람을 가리킵니다. 이때 수탁자는 '대상자'로 바꾸어 쓰면 뜻이 더 쉽고 분명하게 드러납니다. '수탁하다'도 '맡다'로 바꾸어 쓰면 뜻이 쉽게 통합니다. 계약서처럼 중요한 문서는 쉬운 말로 써야 더 꼼꼼히 확인할 수 있습니다.

수탁자 대신 대상자

🙂 계약 대상자는 계약서에 제시된 과업을 모두 이행할 책임이 있습니다.

😉 네, 알겠습니다.

순연順延하다 :

야구장에 직접 가서 경기를 보면 선수들과 함께 호흡하는 느낌이 들어 훨씬 재밌습니다. 그래서 경기를 보려고 표를 예매했는데, 비가 많이 와서 경기가 순연됐다는 안내를 받았습니다. 이때 '순연하다'는 차례로 기일을 늦춘다는 뜻입니다. 쉽게 '미루다', '늦추다'로 바꾸어 쓸 수 있습니다. 특히 안내문은 누가 보아도 다 알 수 있는 말을 사용해야 내용을 정확히 전달할 수 있습니다.

순연하다 대신 미루다, 늦추다

새로운 소식이 있나요?

올해 예정된 대규모 투자 계획을 미루기로 했대요.

시건장치施鍵裝置

문이나 금고를 잘 잠가야 중요한 물건을 지킬 수 있습니다. '시건장치'는 문 등을 잠그는 장치, 즉 잠금장치를 뜻합니다. 일상생활에서 자물쇠를 시건장치라고 하는 사람은 드뭅니다. 그런데 공공 기관 문서 등에서는 여전히 이런 표현이 눈에 띕니다. 문서라고 해서 어려운 표현을 쓸 필요는 없습니다. 시건장치는 '잠금장치'라고 하면 됩니다.

시건장치 대신 잠금장치

☺ 마지막으로 나오는 사람이 잠금장치를 점검하세요.

😆 네, 알겠습니다.

시담示談

사업 계약을 체결하기 전에 사업을 발주한 기관과 사업을 수행할 기관 사이에 사업 비용을 조정하는 절차를 거치게 됩니다. 이를 '가격 시담'이라고 합니다. 시담은 싸움을 화해할 의도로 먼저 거는 말, 민사상의 분쟁을 재판 이외에 당사자 간에 해결하는 일 또는 그 화해 계약을 뜻합니다. 가격 시담이라는 단어로는 가격을 조정한다는 의미를 알기가 매우 어렵습니다. 이때 시담은 '조정'이라고 하면 쉽습니다.

시담 대신 조정

😵 계약을 맺기 전에 어떤 절차를 거치나요?

🙂 먼저 가격 조정 과정이 진행됩니다.

시방서示方書

공사를 하기 전에 준비해야 할 것이 많습니다. 하나하나 꼼꼼히 확인하지 않으면 공사를 안전하게 마칠 수 없습니다. 그래서 공사에 관련된 내용을 잘 정리한 문서가 필요하지요. '시방서'는 공사 등의 일정한 순서를 적은 문서로 제품이나 공사에 필요한 재료의 종류, 품질 등이 자세하게 적혀 있습니다. 정보 통신 공사 현장에서 자주 사용되는 말이지요. 과학기술정보통신부는 시방서를 알기 쉬운 '설계 설명서'로 표준화하기도 했습니다. 시방서는 '설계 설명서'나 '세부 지침서' 등으로 바꾸어 쓸 수 있습니다.

시방서 대신 설계 설명서, 세부 지침서

이번 공사는 뭐부터 시작하나요?

철도 통신 설계 설명서를 참고하세요.

시비施肥 :

주말 농장이나 베란다, 옥상 같은 자투리 공간을 활용해 텃밭을 가꾸는 사람들이 많습니다. 텃밭을 잘 가꾸려면 신경 써야 할 게 많아서 공부를 해야 하지요. 그런데 농업 용어에도 어려운 말이 많습니다. 그중 하나가 '시비'입니다. 거름을 주는 일을 뜻하지요. 설명이 필요한 말 대신 쉽게 '거름주기'라고 하면 어떨까요?

시비 대신 거름주기

☺ 요즘 주말에 바쁘다면서요?

😆 텃밭 가꾸기 수업을 듣고 있어요. 이번 주 주제는 거름주기예요.

시찰視察

홍수나 화재로 인해 큰 피해를 입으면 그 지역의 높은 관리자가 시찰을 나옵니다. 종종 공사 현장에 시찰을 나왔다는 기사도 볼 수 있지요. '시찰'은 두루 돌아다니면서 그곳의 사정을 살피는 일을 말합니다. 주로 상부 기관에서 하부 기관을 방문하여 점검할 때 사용됩니다. 지나치게 어려운 말은 권위적인 표현이 될 수 있습니다. 시찰은 '현장 방문' 또는 '두루 살핌'으로 바꾸어 쓸 수 있습니다.

시찰 대신 현장 방문, 두루 살핌

☺ 오늘 시청에서 현장 방문을 한다고 하는데 어디부터 안내할까요?

☺ 1층에 있는 도서관부터 두루 살피도록 안내해 주세요.

심계항진心悸亢進

아침에 건강 정보를 알려 주는 방송을 봤습니다. 요즘은 다양한 스트레스 상황에 놓이다 보니 심계항진으로 고생하는 환자들이 있다고 했습니다. '심계항진'이라는 단어가 어려워 가슴이 답답했습니다. 심계항진은 심장이 두근거리는 증상을 가리킵니다. 어려운 의학 용어는 건강과 관련된 중요한 정보를 얻는 데 방해가 됩니다. 심계항진은 '두근거림'으로 바꾸어 쓰면 쉽게 이해할 수 있습니다.

심계항진 대신 두근거림

요즘 아무 이유 없이 심장이 두근거려요.

현기증이나 호흡 곤란 같은 증상이 함께 나타나면 바로 병원에 오세요.

안검眼瞼

"안검 하수 때문에 수술했잖아."

이런 말을 하는 분들을 더러 봅니다. '안검'은 이처럼 일상생활에서 흔히 쓰는 말이지만, 정확히 눈의 어느 부위를 말하는지 알기 어렵습니다. 안검은 눈알을 덮는, 위아래로 움직이는 살갗을 뜻합니다. 뜻풀이마저 낯설게 느껴지지요. 안검은 '눈꺼풀'이라고 하면 이해하기 쉽습니다. 안검 하수는 눈꺼풀이 처져서 시야를 가리는 현상입니다.

안검 대신 눈꺼풀

😨 눈꺼풀이 자꾸 무겁게 느껴져요.

🙂 나이가 들면 눈꺼풀이 처지게 되지요.

안분按分하다 :

요즘은 젊은 청년들이 여러 명 모여서 벤처 기업을 시작하는 경우가 많습니다. 그중에는 크게 성공하는 이들도 있습니다. 저의 성공은 아니지만, 상상만 해도 좋습니다. 그런데 그들이 모두 함께 얻은 이익을 어떻게 나누면 좋을까요? 이때 '수익을 분배하다', '수익을 안분하다'라는 말을 쓰곤 합니다. 분배한다는 말도 어렵지만 안분한다는 말은 더 어렵게 느껴집니다. 이 말은 일정한 비율에 따라 고르게 나눈다는 뜻입니다. 이때 안분하다 대신 '고르게 나누다'라고 하면 수익을 더욱 쉽고 정확하게 나눌 수 있지 않을까요?

안분하다 대신 고르게 나누다

- 총금액은 어떻게 지급되나요?
- 24개월에 걸쳐 고르게 나누어 지급합니다.

암거暗渠

어느 지역에서 침수 피해를 예방하고자 하수 암거를 새로 만든다는 소식을 들은 적이 있습니다. '암거'가 무슨 뜻인지 이리저리 생각해 봐도 금방 알기 어렵더군요. 사전에서는 '물을 대거나 빼기 위해 땅속이나 구조물 밑으로 낸 도랑'이라고 풀이하고 있습니다. 공공 기관에서는 '통로 암거', '하수관 암거'와 같이 종종 사용합니다. 암거는 '도로 밑 통로' 또는 '땅속 통로'라고 하면 쉽게 알 수 있습니다.

암거 대신 도로 밑 통로, 땅속 통로

☺ 이번에 도로 주변의 도로 밑 통로를 정비해서 동물이 이동할 수 있게 됐대.

😆 그럼 찻길 동물 사고도 줄겠다.

양도讓渡하다 :

좋아하는 가수의 공연을 예매하려고 했는데 순식간에 매진되었습니다. 아쉬운 마음에 인터넷을 찾아보니 '○월 ○일 표 양도합니다'라는 글이 있었습니다. 물론 아무리 보고 싶어도 공식 판매처에서 판매하는 표가 아니면 절대 거래해서는 안 되겠지요? '양도하다'는 재산이나 물건을 남에게 넘겨준다는 뜻입니다. 주로 부모가 자식에게 재산이나 집을 물려줄 때 양도한다는 표현을 씁니다. 양도하다 대신 '넘겨주다'라고 하면 더 쉽지 않을까요?

양도하다 대신 넘겨주다

☺ 인아 씨가 꼭 가고 싶다고 한 공연 표를 원래 가격으로 넘겨준다는 글이 올라왔어요.

😆 정말요? 얼른 찾아봐야겠네요.

양생養生 :

길을 가다가 '콘크리트 양생 중'이라는 팻말을 본 적이 있습니다. 짧은 문장이지만 외국어와 한자어로 이루어져 정확한 뜻을 알기 어려웠습니다. 이때 '양생'은 콘크리트가 완전히 굳을 때까지 적당한 수분을 유지하고 충격을 받거나 얼지 않도록 보호하는 일이라는 뜻입니다. 사전을 찾아보면 양생의 뜻이 여러 개 나옵니다. 사전을 찾아야만 정확한 뜻을 알 수 있는 말 대신 '굳히기'처럼 쉬운 말을 사용하면 어떨까요?

양생 대신 굳히기

🙂 저 골목은 콘크리트를 굳히고 있대요.

😮 다른 길로 가야겠네요.

엄수嚴守하다 :

회사에서 일할 때나 학교에서 과제를 할 때 반드시 마감 시간을 엄수하라는 말을 종종 들었지요? '엄수하다'는 명령이나 약속 따위를 어김없이 지킨다는 뜻입니다. 약속의 무게는 쉬운 말을 사용해도 전달될 수 있습니다. '반드시 지키다'라고 하면 의미가 더 정확하게 전달됩니다.

엄수하다 대신 반드시 지키다

☺ 마감일이 지나고 제출한 과제는 받지 않습니다. 마감일을 반드시 지켜 주시기 바랍니다.

☺ 네, 알겠습니다.

연면적延面積

건축물의 상세 정보를 읽다 보면 '연면적'이라는 단어가 자주 등장합니다. 그 의미를 추측할 수는 있지만 다른 사람에게 정확히 설명해 주기는 어렵습니다. 정확한 뜻을 모르기 때문이지요. 연면적은 주로 건축 분야에서 사용되는 말로 건물 각 층의 바닥 면적을 합한 전체 면적을 가리킵니다. 전체 면적을 뜻하는 말이므로 '총면적'이라고 하면 뜻이 더 쉽게 드러납니다.

연면적 대신 총면적

☺ 새로 지은 건물의 총면적은 무려 1만 명이 거주할 수 있는 크기라고 해요.

😮 와, 정말 넓네요.

염두念頭에 두다 :

우리가 습관적으로 쓰면서도 그 뜻을 정확히 모르는 말들이 많습니다. '염두에 두다'라는 표현도 마찬가지입니다. '염두'는 사전에서 '생각의 시초', '마음의 속'이라고 풀이하고 있습니다. 따라서 '염두에 두다'는 어떤 일을 하기에 앞서 '생각하다', '고려하다'라는 뜻이지요. 이렇게 명확한 뜻으로 표현하면 더 쉽게 소통할 수 있지 않을까요?

염두에 두다 대신 생각하다, 고려하다

☺ 김 과장님, 후임으로 고려하는 사람이 있나요?

☹ 윤 대리가 어떨까 생각해요.

오심惡心

속이 울렁거리고 구토할 듯한 느낌이 드는 증상을 보통 '오심'이라고 합니다. 오심은 한의학 용어로 위가 허하거나 가슴속이 불쾌하고 울렁거리며 구역질이 나면서도 토하지 못하고 신물이 올라오는 증상을 가리킵니다. 위에 한, 습, 열, 담, 식체 따위가 있기 때문이지요. 몸의 상태를 표현할 때는, 더욱이 아픈 증상을 표현할 때는 쉬운 말을 써야 합니다. 오심은 '구역질'이라고 하면 뜻이 쉽게 통합니다.

오심 대신 구역질

- 몸 상태가 어떠세요?
- 요새 구역질이 더 심해졌어요.

유보留保하다 :

어떤 정책 개선안을 사실상 유보한다는 기사를 읽었습니다. '유보'는 파업이나 새로운 정책의 결정 등과 관련된 기사에 종종 등장하는 단어입니다. '유보하다'는 어떤 일을 당장 처리하지 않고 나중으로 미루어 둔다는 뜻입니다. 정보를 전달하는 기사와 뉴스에서도 쉬운 말을 사용하면 어떨까요? 그렇게 한다면 아마 더 많은 국민이 우리나라에서 일어나는 일들에 관심을 기울일 것입니다. 이제부터 유보하다 대신 '미루다'라고 표현하면 좋겠습니다.

유보하다 대신 미루다

☺ 원래 꿈이 뭐예요?

☺ 여행 작가가 꿈인데 지금은 잠시 미루고 있어요.

유어 행위游魚行爲

하루는 친구들과 한강에서 만나기로 했습니다. 친구들을 만나기 전에 어떤 놀거리가 있는지 찾아보다가 한강 유어 행위 금지 구역을 표시한 지도를 보았습니다. 지도 한쪽에 '낚시 금지'라고 적혀 있었습니다. '유어 행위'는 뜰채처럼 간단한 도구나 어구, 어망으로 물고기를 잡는 일을 뜻합니다. 한눈에 파악할 수 있어야 할 지도에 '유어 행위'와 '낚시'라는 뜻이 같은 두 단어를 함께 쓸 필요가 있었을까요? 유어 행위는 '낚시'라고 하면 됩니다.

유어 행위 대신 낚시

☹ 이곳에서는 낚시를 하면 안 돼요.

😨 죄송합니다. 지금 정리하겠습니다.

음용수 飮用水

'이 물은 음용수가 아닙니다'라는 문구를 본 적 있나요? 아파트 화단 곳곳에 설치된 수도꼭지에 이런 문구가 적혀 있는 곳이 있습니다. 그곳에서 나오는 물은 재이용하는 물입니다. 다시 말해 한 번 사용한 물을 깨끗하게 정화해 화단에 물을 주거나 청소할 때 재이용하는 물을 말합니다. 마시면 안 되는 물이지요. '음용수'는 마실 수 있는 물을 뜻하는 말로, 평상시에 잘 사용하지 않는 말입니다. 마시면 안 되는 물이라는 사실을 정확하게 알리려면 쉬운 말로 전달해야겠지요. 음용수는 '마실 수 있는 물', '먹는 물'이라고 하면 쉽습니다.

음용수 대신 마실 수 있는 물, 먹는 물

이 물은 먹는 물이 아니에요.

아이코, 마실 뻔했네요.

의사擬似 환자:

기사에서 의학 전문 용어를 자주 보게 되는데, '의사 환자'도 그중 하나입니다. 의사 환자는 '감염병 의사 환자'를 줄인 말입니다. 감염병 병원체가 인체에 침입했다고 의심되나 감염병 환자로 확인되기 전 단계에 있는 사람을 뜻합니다. 국민에게 안내하는 글에서는 누구나 쉽게 이해할 수 있는 말을 사용해야 하지요. 의사 환자는 '의심 환자'로 바꾸어 쓸 수 있습니다.

의사 환자 대신 의심 환자

☺ 감염병 의심 환자들을 위한 공간을 따로 마련했습니다.

😆 감염병 전파를 막는 데 도움이 되겠네요.

이견異見

회의를 마무리할 때쯤 진행자가 "이견 있는 분 계신가요?"라고 묻습니다. 하나의 의견으로 결정하려고 할 때 주로 묻지요. 그런데 '이견'은 일상생활에서 많이 쓰는 '다른 의견'이라는 말로 바꿔 쓸 수 있습니다. "다른 의견 있는 분 계신가요?"라고 하면 더 쉽지요. 어려운 말 대신 쉬운 말을 쓰는 데 혹시 다른 의견 있는 분 계신가요?

이견 대신 다른 의견

☺ 쉬운 말을 사용하자는 데 다른 의견이 없습니다.

😆 저도 정말 좋은 의견이라고 생각해요.

인편人便

지원 사업을 신청하려고 알아보니 신청서는 인편이 아니라 온라인으로만 접수를 받는다고 합니다. '인편'은 오거나 가는 사람의 편이라는 뜻입니다. 어떤 서류를 인편 접수한다는 말은 방문 접수한다는 뜻입니다. 서류를 접수하는 중요한 일에 굳이 평상시에 자주 사용하지 않는 말을 쓸 필요는 없겠지요. 인편은 '방문'이라고 하면 쉽습니다.

인편 대신 방문

- 주말에는 방문 접수를 받지 않습니다.
- 그렇군요. 평일에 접수하러 오겠습니다.

인후염咽喉炎

감기에 걸리면 목의 통증부터 느껴집니다. 목이 따갑고 목소리가 쉬기도 하지요. 이런 증상이 있을 때 병원에 가면 보통 '인후염'이라는 진단을 받습니다. '인후'는 목구멍을 뜻하는 한자어입니다. 그렇다면 인후염 대신 '목구멍 염'이라고 하면 뜻이 쉽게 통하지 않을까요? 아픈 곳이 어디인지 명확히 알 수 있도록 쉬운 말을 쓰면 좋겠습니다.

인후염 대신 목구멍 염

물을 마실 때도 목이 많이 아파요.

목구멍 염이 심해졌나 봐요.

일조(一助)하다 :

친구에게 축하할 일이 있어 함께 밥을 먹었습니다. 잔뜩 신이 난 친구는 "그 프로젝트가 성공하는 데 내가 일조했잖아"라고 말했지요. 친구의 행복한 모습을 보니 저도 덩달아 기분이 좋아졌습니다. 한편으로는 쉬운 우리말을 쓰면 더 좋겠다는 생각도 들었지만, 즐거운 마음으로 축하해 주었지요. '일조하다'는 얼마간의 도움이 된다는 뜻입니다. 좋은 일에 쉬운 말을 쓴다면 축하를 하는 사람도 받는 사람도 그 마음이 더욱 잘 느껴지지 않을까요? 일조하다는 '도움이 되다'라는 말로 바꾸어 쓸 수 있습니다.

일조하다 대신 도움이 되다

☺ 환경을 보호하는 데 도움이 되고 싶어요.

☺ 먼저 일회용품 사용을 줄여 보면 어때요?

입각立脚하다 :

한 법정 드라마에서 "증인은 사실에 입각하여 정확하게 진술해 주시기 바랍니다"라는 대사를 들었습니다. 어려운 말이 법정을 더 무거운 공간으로 만들었지요. '입각하다'는 어떤 사실이나 주장에 근거를 두어 그 입장에 선다는 뜻으로 공적인 대화 상황에서 주로 사용됩니다. 공적인 상황일수록 누구나 뜻을 알 수 있는 쉽고 명확한 말을 사용해야 하지요. 입각하다는 '따르다', '근거하다'로 바꾸어 쓰면 뜻이 더욱 분명하게 드러납니다.

입각하다 대신 따르다, 근거하다

조사관의 질문에 어떻게 답하셨어요?

제가 가진 자료에 근거해서 말씀드렸어요.

잡상인雜商人 :

어느 건물 입구에 '잡상인 출입 금지'라는 종이가 붙어 있었습니다. 건물 관리인에게 여쭤 보니 가끔 물건을 팔거나 신규 고객을 모집하는 영업 사원들이 들어와서 붙여 두었다고 했습니다. 요즘에는 보기 힘들지만 예전에는 지하철에서 물건을 파는 사람이 종종 있었습니다. 그런 사람을 가리켜 '잡상인'이라고 불렀지요. 하지만 이 말에는 직업을 비하하는 의미가 담겨서 사용하기 적절하지 않다는 의견이 제기되었습니다. 잡상인 대신 뜻도 분명하고 직업 비하의 의미도 없는 '이동 상인'이라는 말을 쓰면 어떨까요?

잡상인 대신 이동 상인

😊 지하철에서 물건을 파는 이동 상인을 보면 알려 주세요.

😌 네, 알겠습니다.

저해沮害하다 :

사람이든 조직이든 사회든 하루하루 발전이 있어야 합니다. 발전은 우리와 우리 사회를 조금 더 나은 모습으로 만들어 줍니다. 그런데 발전은 말처럼 쉽지 않습니다. 그래서인지 '성장을 저해하는 요소', '발전을 저해하는 원인'과 같은 표현을 꽤 많이 볼 수 있습니다. '저해하다'는 막아서 못 하도록 해친다는 뜻입니다. 이 말은 '방해하다', '못하게 하다'로 바꾸면 쉽습니다. 소통을 방해하는 어려운 말을 줄이면 더 편하게 대화할 수 있습니다.

저해하다 대신 방해하다, 못하게 하다

왜 어려운 말 대신 쉬운 말을 써야 하지요?

어려운 말은 소통을 방해하기 때문이에요.

적기適期

어떤 일이든 적절한 때에 해야 합니다. 특히 새로운 걸 시작하거나 지금과는 다르게 변화를 주려고 할 때는 시기가 매우 중요하지요. '지금이 그 일을 시작할 적기이다'라는 문장에 사용된 '적기'는 알맞은 시기라는 뜻입니다. 쉽게 뜻을 알 수 있는 말로 적절한 때를 드러내면 더 효과적이겠지요? 적기는 '제때' 또는 '알맞은 시기'로 바꿔 쓸 수 있습니다.

적기 대신 제때, 알맞은 시기

☹ 외부 환경 변화를 제때 대응하지 못하면 회사 경영에 어려움을 겪을 수 있어요.

☺ 지금 시도해야 할 대응 방법을 고민해 봅시다.

적재적소 適材適所

회사는 직원을 뽑을 때 여러 가지를 신경 씁니다. 그 사람의 능력뿐만 아니라 그동안 했던 일, 성격, 연봉 등을 살펴야 합니다. 그중에서 채용했을 때 우리 회사에서 어떤 일을 맡게 할지를 가장 신경 씁니다. 이를 적재적소에 배치한다고 하지요. 이때 '적재적소'는 알맞은 인재를 적절한 곳에 쓰는 일을 뜻합니다. 쉽게 표현하면 '알맞은 곳', '적절한 자리'라고 할 수 있습니다.

적재적소 대신 알맞은 곳, 적절한 자리

☺ 인재를 알맞은 곳에 배치하는 건 정말 중요해요.

😆 맞아요. 그래야 효율적으로 일할 수 있어요.

전년 대비前年 對比

한 해를 정리할 때 지난해와 비교하여 그간의 성과를 검토하지요. 회사나 기관 등에서는 지난해와 올해의 성과를 비교하면서 '전년 대비'라는 표현을 자주 사용합니다. 뉴스에서도 종종 나오는 표현이라 뜻을 유추할 수는 있습니다. 하지만 전년 대비 대신 '지난해보다'라고 하면 뜻이 더 금방 드러납니다. 모든 사람이 지난해보다 쉬운 말을 더 많이 쓰면 좋겠습니다.

전년 대비 대신 지난해보다

☺ 지난해보다 실적이 우수하군요.

😆 올해 서로 협력해서 일을 추진한 덕분이에요.

전매轉賣하다 :

'전매하다'는 사용되는 한자에 따라 다르게 쓰이는 말입니다. 뜻이 비슷해 보이면서도 달라서 정확히 구분해서 써야 의사소통을 원활하게 할 수 있습니다. 여기에서 '전매하다'는 샀던 물건을 도로 다른 사람에게 팔아넘긴다는 뜻입니다. 한자어에 따라 뜻이 달라지기 때문에 특별히 주의를 기울여야 합니다. 이때 전매하다는 '되팔다'라고 하면 쉽게 알 수 있습니다.

전매하다 대신 되팔다

☹ 분양받은 지 얼마 안 된 아파트는 되팔 수 없습니다.

😮 그렇군요. 알겠습니다.

전사적全社的

회사와 같은 조직에서 구성원들이 공동의 목표를 달성하려면 모두 함께 힘을 모아야 합니다. 그럴 때 '전사적'이라는 표현을 사용합니다. '우리 회사는 올여름 에너지 절약 운동을 전사적으로 벌일 예정입니다'처럼 쓰지요. '전사적'은 회사 전체 또는 회사 전반에 관련되는 것을 뜻합니다. 뜻을 더 명확히 전달할 수 있도록 '회사 전체'라고 하면 어떨까요? 회사 전체 구성원이 함께 힘을 모으면 목표를 더 쉽게 달성할 수 있습니다.

전사적 대신 회사 전체

☹ 올해 직원 교육의 특징은 무엇인가요?

☺ 회사 전체 차원에서 의사소통 교육을 장려하고 있습니다.

전술前述하다 :

책이나 보고서 등에서 앞서 제시한 내용을 요약하거나 한 번 더 강조할 때 '전술한 바와 같이'라는 표현을 사용합니다. 여기에 사용된 '전술하다'는 사전에서 '앞에서 이미 진술하거나 논술하다'라고 풀이하고 있습니다. 어려운 표현은 글 내용을 이해하기 어렵게 만들 뿐입니다. 전술하다 대신 '앞에서 설명하다'라고 쓰면 더 쉽게 이해할 수 있습니다.

전술하다 대신 앞에서 설명하다

☺ 앞에서 설명한 바와 같이 전문 분야도 쉬운 말을 사용해야 합니다.

☺ 네, 알겠습니다.

접견接見 :

변호사를 주인공으로 한 드라마를 보았습니다. 주인공의 친구가 주인공에게 "얼른 접견 신청해. 의뢰인 만나러 가자"라고 했지요. '접견'은 사전에서 '공식적으로 손님을 맞아들여 만나 봄', '형사 절차에 의하여 신체의 구속을 받고 있는 피고인이나 피의자와 만남. 또는 그런 일' 등으로 풀이하고 있습니다. 두 쓰임 모두 '만남'이라 바꾸어도 어색하지 않습니다. 뜻을 쉽게 알 수 있도록 접견 대신 '만남'이라고 하면 어떨까요?

접견 대신 만남

☺ 만남 장소는 어디로 할까요?

😆 조용한 곳이면 좋겠어요.

제고提高

발음은 같지만 표기가 다른 단어들은 헷갈리기 쉽습니다. 당연히 단어의 뜻도 다르기 때문에 알맞게 쓰려면 주의를 기울여야 합니다. '재고'와 '제고'도 그러한 예입니다. 재고는 창고에 쌓인 물건이나 팔고 남은 물건 등을 뜻하고, 제고는 수준이나 정도를 끌어올린다는 뜻으로 사용됩니다. 그렇다면 '생산성 제고'와 '생산성 재고' 중 무엇이 맞는 표기일까요? 생산성은 수준이나 정도를 끌어올린다는 뜻의 '제고'와 어울립니다. 비슷한 발음 때문에 혼동되고 뜻도 어려운 제고 대신 '높이기'라고 하면 더 쉽고 분명하게 소통할 수 있습니다.

제고 대신 높이기

일의 능률을 높이려면 어떻게 해야 할까요?

적당한 휴식이 도움이 될 거예요.

제반諸般

서로 지켜야 할 의무가 있을 때 계약서를 작성합니다. 지켜야 할 내용을 확실히 정리하고 약속하기 위해서이지요. 이러한 계약서에서 '제반'이라는 표현을 자주 보게 됩니다. 주로 '제반 요인', '제반 사항'과 같이 쓰이지요. 제반은 어떤 것과 관련된 모든 것이라는 뜻입니다. 단어의 뜻은 쉬운데 한자어로 표현하니 그 뜻을 파악하기 어렵습니다. 제반 대신 '여러', '모든'을 쓰면 뜻이 금방 드러납니다.

제반 대신 여러, 모든

- 여러 요인을 살펴보고 해결 방법을 찾아봅시다.
- 모든 업무 환경부터 살펴보기로 해요.

제연 경계 벽除煙境界壁

국내의 한 아웃렛에서 불이 나 사람들이 사망하는 사고가 발생했다는 뉴스를 보았습니다. 기자는 지하 주차장에 제연 경계 벽이 없어 피해가 커졌다고 말했습니다. '제연 경계 벽'은 불이 났을 때 연기가 퍼지지 않도록 하려고 설치하는 벽입니다. 사람들이 대피할 수 있는 시간을 만들어 주는 매우 중요한 시설이지요. 안전과 관련한 말은 누구든 금방 알 수 있어야 비상 상황에서 신속하게 대응할 수 있습니다. 제연 경계 벽은 '연기 차단 벽'이라고 하면 쉽습니다.

제연 경계 벽 대신 연기 차단 벽

☹ 연기 차단 벽이 있었다면 피해자가 더 적었을 거예요.

☹ 맞아요. 또 비슷한 피해자가 생기지 않도록 꼭 모든 건물에 연기 차단 벽을 설치하면 좋겠어요.

종주국宗主國

우리나라를 태권도의 종주국이라고 합니다. '종주국'은 어떤 뜻일까요? 사전에서는 '자기 나라에 종속된 다른 나라의 대외 관계에 대한 일부를 처리하는 나라', '문화적 현상과 같은 어떤 대상이 처음 시작한 나라' 등으로 뜻풀이를 하고 있습니다. '태권도의 종주국'이라고 할 때는 두 번째 의미로 사용되는 셈이지요. 종주국 대신 '탄생지'라고 하면 어떨까요?

종주국 대신 탄생지

☺ 우리나라는 태권도의 탄생지예요.

😆 한류의 탄생지이기도 하지요.

종지부終止符를 찍다 :

어떤 일을 마칠 때 종지부를 찍는다고 표현합니다. '종지부'는 이전에 온점, 고리점, 물음표, 느낌표를 아울러 이르던 말입니다. 2015년에 문장 부호 규정이 개정되면서 더 이상 사용하지 않게 되었지요. 이제는 쓰이지 않는 말을 사용하기보다는 '끝맺다', '마침표를 찍다'라고 말하면 어떨까요? 우리 모두 어려운 외래어 사용에 마침표를 찍어요.

종지부를 찍다 대신 끝맺다, 마침표를 찍다

😌 내일이면 이 일도 마침표를 찍겠네요.

🙂 그동안 수고 많으셨어요.

지양止揚하다

'지양하다'와 '지향하다'는 서로 반대의 의미를 갖고 있습니다. 하지만 발음이 비슷해서 많은 사람이 헷갈려 하지요. '지양하다'는 사전에서 '더 높은 단계로 오르기 위해 어떠한 것을 하지 아니하다'라고 풀이하고 있습니다. 쉬운 말로는 '하지 않다' 또는 '피하다'라고 바꾸어 쓸 수 있습니다. 쉬운 말을 쓰면 헷갈릴 일도 줄어듭니다. 이제부터 어려운 말은 피하고 쉬운 말을 써 보세요.

지양하다 대신 하지 않다, 피하다

☹ 환경 문제는 우리 모두가 고민해야 할 문제가 되었어요.

☹ 무엇보다 인위적으로 환경을 개발하는 일은 피해야 한다고 생각해요.

집진 시설集塵施設

시민들이 이용하는 공공장소에 설치된 집진 시설을 볼 수 있습니다. '집진 시설'이란 먼지를 없애거나 대기 오염을 막으려고 규모에 따라 설치하는 시설을 가리킵니다. 주로 공공장소에 설치하는 시설인 만큼 누구나 알 수 있는 말을 사용해야 합니다. 집진 시설은 '먼지 제거 장치'라고 하면 쉽습니다.

집진 시설 대신 먼지 제거 장치

☺ 지하철역 안에 먼지 제거 장치를 설치했대요.

😆 확실히 전보다 공기가 쾌적해졌어요.

차감差減하다 :

편의점에서 물건을 계산하려고 할 때 직원이 통신사 카드가 있으면 할인이 가능하다고 안내해 줬습니다. 통신사 점수가 차감되고 그만큼 할인이 가능하다고 했지요. '차감하다'는 비교하여 덜어 낸다는 뜻으로 쉽게 '빼다'로 바꾸어 쓸 수 있습니다. 어려운 한자어가 일상 곳곳에서 사용되고 있습니다. 쉬운 말을 사용하면 일상의 불편한 순간들도 줄어들겠지요?

차감하다 대신 빼다

☺ 통신사 점수를 빼서 할인해 드릴까요?

😆 네, 그렇게 해 주세요.

차치且置하다 :

'유행어나 신조어가 사용되는 언어생활 문제는 차치하더라도 쉬운 말을 사용하는 언어생활은 지금부터 시작해요!' 여기에 나오는 '차치하다'는 내버려 두고 문제 삼지 않는다는 뜻입니다. 이 말은 '문제 삼지 않다' 또는 '제쳐 놓다'라는 말로 바꾸어 쓰면 쉽게 뜻을 전할 수 있습니다. 유행어나 신조어가 사용되는 언어생활 문제는 제쳐 놓더라도 쉬운 말을 사용하는 언어생활은 지금부터 시작해요!

차치하다 대신 문제 삼지 않다, 제쳐 놓다

☹ 누구의 잘못인지 밝히는 일은 제쳐 놓고 먼저 이 문제부터 해결해야 해요.

☹ 책임이 누구에게 있는지 문제 삼지 않겠다는 것인가요?

차후此後

회사에 일이 생겨 회의를 했습니다. 다행히 회의를 하며 가장 급한 문제는 해결할 수 있었습니다. 작은 문제들이 몇 개 남아 있었지만 긴 시간 회의를 한 탓에 모두 지쳐 있었지요. 다들 같은 마음인지 다른 문제는 차후에 논의하자며 하나둘 자리에서 일어났습니다. '차후'라는 말은 회사 생활에서 많이 사용됩니다. 부하 직원이 상사에게 보고할 때도 자주 사용하지요. "차 대리, 지난번 계약은 어떻게 진행되고 있나?" "네, 알아보고 차후에 보고드리겠습니다"처럼요. 차후는 지금부터 이후라는 뜻입니다. 이 말은 '지금부터' 또는 '앞으로'라는 말로 바꾸면 뜻이 더 쉽게 통합니다.

차후 대신 지금부터, 앞으로

😮 깜빡하고 난방 기구 전원을 끄지 않았네요.

😑 앞으로 또 그러면 안 돼요.

착석着席하다 :

지난 주말 지인의 결혼식이 있어 다녀왔습니다. 지인에게 결혼을 축하한다고 인사를 건네고 함께 간 일행과 이야기를 나누었지요. 그때 사회자가 “곧 식이 시작되오니 모두 착석해 주시기 바랍니다”라고 말했습니다. ‘착석하다’는 공적인 자리에서 많이 써서 익숙한 말이지요. 하지만 ‘자리에 앉다’라는 말로 쉽게 바꿀 수 있습니다. 공적인 자리에서는 더욱 남녀노소 누구나 쉽게 알 수 있는 말이 어울립니다.

착석하다 대신 자리에 앉다

☺ 곧 식이 시작되오니 모두 자리에 앉아 주시기 바랍니다.

☺ 네, 알겠습니다.

창출創出하다 :

대통령 선거나 국회의원 선거 때 자주 등장하는 공약 중 하나는 일자리 창출입니다. '창출하다'는 전에 없던 것을 처음으로 생각해서 만들어 내거나 지어낸다는 뜻입니다. 무언가 새롭게 만들어 내는 일은 설레고 기대되지요. 창출하다 대신 '새로 마련하다', '새로 만들다'라고 하면 그 새로움이 더 분명하게 느껴집니다. 공약에서도 쉬운 말을 쓰면 더 많은 사람이 믿고 뽑지 않을까요?

창출하다 대신 새로 마련하다, 새로 만들다

- 회사에 제안하고 싶은 사항을 이야기해 보세요.
- 우리 회사의 위상에 걸맞은 복지 제도를 새로 만들어야 합니다.

척사擲柶

추석에 부모님을 뵈러 지방에 갔습니다. 동네에 들어서니 큰 현수막이 붙어 있었습니다. 척사 대회가 열린다고 알리는 현수막이었지요. 척사 대회는 어떤 대회일까요? '척사'는 '윷놀이'를 가리키는 한자어입니다. 누구나 쉽게 즐길 수 있는 윷놀이 대회를 굳이 어려운 한자어로 표현할 필요는 없겠지요. 쉬운 말로 대회 소식을 알려야 더 많은 사람이 참여할 수 있습니다.

척사 대신 윷놀이

☺ 이번 명절에 윷놀이 대회가 열린대요.

😆 우리도 참여해 봐요.

촉수 엄금觸手 嚴禁

군대에서 일반 병사들이 꼽은 어려운 말 1위가 '촉수 엄금'이라는 기사를 본 적이 있습니다. 위험한 물질이나 도구가 많은 곳에는 주의하라는 안내문을 많이 붙이는데, 그중에는 '촉수 엄금'이라는 말도 있습니다. 위험하다는 경고를 하려면 누구나 쉽게 알 수 있는 말을 사용해야 하지 않을까요? 촉수 엄금 대신 '손대지 마세요'라고 해야 위험성이 더 잘 전해집니다.

촉수 엄금 대신 손대지 마세요

위험 물질이니 손대지 마세요.

네, 알겠습니다.

촉지도觸地圖

사회 복지 기관이나 도서관 앞에 설치된 '촉지도'를 본 적이 있나요? 촉지도는 시각 장애인용 지도를 가리킵니다. 점자로 나타낸 지도이지요. 그러나 촉지도라는 말은 지나치게 어려워 보입니다. 촉지도 대신 '점자 안내도'라고 하면 어떨까요? 시각 장애인이 다양한 시설을 편하게 이용할 수 있도록 점자 안내도를 더 설치했으면 좋겠습니다.

촉지도 대신 점자 안내도

☺ 전시실 문 오른쪽에 점자 안내도가 함께 설치되어 있습니다.

☺ 감사합니다.

추산推算하다 :

하루에도 수많은 사건과 사고가 일어납니다. 그래서인지 뉴스에서 "정부는 이번 사고의 피해액을 10억 원 정도로 추산하고 있습니다"와 같은 표현을 자주 듣게 됩니다. '추산하다'는 짐작으로 미루어 셈한다는 뜻으로 '어림잡다' 또는 '미루어 계산하다'라고 말하면 쉽습니다. 특히 뉴스나 신문에서는 누구나 알 수 있는 쉬운 말을 사용해야 합니다.

추산하다 대신 어림잡다, 미루어 계산하다

☹ 만기에는 총비용이 얼마나 되는지 궁금합니다.

☺ 만기 시 비용을 어림잡아 알려 드리겠습니다.

투찰投札

최근 조달청을 통해 사업을 수행하는 경우가 많아지면서 조달청 누리집을 자주 살펴봅니다. 꼼꼼히 안내 서류를 살펴보면 '입찰', '낙찰', '투찰' 같은 자주 쓰이지만 뜻을 알기 어려운 말이 매우 많습니다. 그중 '투찰'은 경매나 경쟁 입찰 등에 참여하기를 희망하는 사람이나 업체가 견적 가격을 제출하는 일을 말합니다. 사업을 수행할 때 필요한 가격은 사업 수행자를 결정하는 데 중요한 고려 사항입니다. 투찰은 '가격 제시'라고 하면 쉽습니다.

투찰 대신 가격 제시

☺ 사업 진행에 필요한 가격을 제시해 주세요.

☺ 네, 알겠습니다.

투척용 소화기 投擲用 消火器

공공장소에는 어느 곳이든 소화기가 비치되어 있습니다. 요즘에는 집에도 소화기를 두고 있지요. 하지만 소화기 사용법을 모르면 무용지물입니다. 하루는 동네에서 안전 체험 행사가 열린다고 해서 갔습니다. 소방관이 가벼운 물통처럼 보이는 통을 들고 '투척용 소화기'라고 소개했습니다. 무게가 가볍고 사용법이 쉬워 어린이나 어르신도 쉽게 사용할 수 있다고 했지요. 그런데 비상시에 누구나 사용하려면 더 쉬운 말을 써야 하지 않을까요? 투척용 소화기는 '던지는 소화기'라고 하면 쉽습니다.

투척용 소화기 대신 던지는 소화기

☺ 이번에 오래된 소화기를 모두 던지는 소화기로 교체했어.

😆 사용법을 미리 익혀 둬야겠다.

패용佩用

출근할 때 매일 지나는 지하보도에 한 회사의 구내식당이 있습니다. 문 앞에는 '명찰 필수 패용'이라고 써 있지요. '패용'은 훈장이나 명패 등을 몸에 다는 것을 뜻합니다. 쉽게 말하면 '달기'라고 할 수 있습니다. '명찰 꼭 달고 들어오세요'라고 적으면 더 쉽게 이해할 수 있지 않을까요? 일상 곳곳에서 쓰이는 어려운 외래어가 줄어들면 좋겠습니다.

패용 대신 달기

☺ 회사 안에서는 사원증 달기를 권장합니다.

😆 네, 사원증을 달고 다니겠습니다.

필증畢證 :

한 지자체와 사업 계약을 체결하면서 받은 전자 우편에 지역개발채권 매입 필증을 제출하라는 내용이 있었습니다. 무엇인지 알아야 제출할 수 있으니 먼저 이것이 무엇을 뜻하는지 사전을 찾아보았지요. 계약 업무도 복잡한데 어려운 말은 머리를 더 혼란스럽게 만듭니다. 필증은 '증명서'라고 쉽게 표현할 수 있습니다.

필증 대신 증명서

☺ 지역개발채권 매입 증명서를 제출하세요.

☺ 네, 알겠습니다.

필必히 :

자격증 시험을 신청하니 긴 안내 사항이 나왔습니다. 신분증을 필히 지참해야 한다는 내용이 가장 중요한 사항이었습니다. 신분증을 안 가져올 경우 시험을 볼 수 없다고 적혀 있었습니다. '필히'를 '반드시', '꼭'으로 바꾸면 중요한 내용을 더 쉽게 전할 수 있지 않을까요? 많은 사람에게 안내하는 글이니 쉬운 말을 써야 합니다.

필히 대신 반드시, 꼭

☺ 무엇을 꼭 챙겨야 하나요?

☺ 위급 상황에 대비한 비상약을 꼭 준비하세요.

하중荷重

쉬운 말을 두고 불필요하게 어려운 한자어를 쓰는 경우가 많습니다. '하중'도 그중 하나입니다. '하중을 견디지 못해 무너졌다'처럼 쓰입니다. 하중은 어떤 물체의 무게를 뜻하는 말로 '무게'라고 바꾸어 쓰면 뜻이 쉽게 통합니다. 어려운 말은 말의 무게를 더욱 무겁게 해서 쉬운 소통을 방해합니다.

하중 대신 무게

☺ 이 책장은 책 500권의 무게를 견딜 만큼 견고합니다.

😮 엄청 튼튼하네요.

해태懈怠하다 :

법률은 우리의 삶과 매우 가까운데도 법률 용어는 어렵고 낯선 말들이 많습니다. 그래서 법무부는 '알기 쉬운 법령 만들기' 사업을 추진하면서 어려운 법률 용어를 쉬운 말로 바꾸는 일을 계속하고 있습니다. '해태하다'는 민법에서 사용되었던 말로 행동이 느리고 움직이거나 일하기를 싫어하는 데가 있다는 뜻입니다. '게을리하다' 또는 '제때 하지 않다'라고 하면 쉽게 뜻이 통합니다.

해태하다 대신 게을리하다, 제때 하지 않다

☹ 조직의 분위기가 어수선해진 이유가 무엇이라고 생각하세요?

🥺 관리 업무를 게을리한 결과인 것 같습니다.

행락行樂

가을이면 “단풍이 곱게 물든 ◯◯산은 행락객으로 붐빕니다”라는 뉴스가 종종 나옵니다. 단풍을 보며 즐거운 시간을 보내는 사람들이 화면에 함께 나오지요. ‘행락’은 재미있게 놀고 즐겁게 지낸다는 뜻입니다. 행락철, 행락객과 같은 표현으로 자주 사용됩니다. 행락은 쉬운 말로 ‘나들이’라고 할 수 있습니다. 이번 가을에는 행락 대신 즐거운 나들이를 가 보는 건 어떨까요?

행락 대신 나들이

- 가을 나들이 철을 맞아 산을 찾는 등산객이 늘었대요.
- 단풍이 지기 전에 우리도 나들이 가요.

향후向後

오랜만에 잡지를 보았습니다. 봄을 머금은 듯한 화사한 옷차림과 끼가 넘치는 연예인들을 볼 수 있었지요. 한 연예인과 기자가 나눈 이야기를 읽다가 다음 문장이 눈길을 끌었습니다. 기자는 연예인에게 마지막으로 물었습니다. "향후 계획은 어떻게 되나요?" 이때 '향후'는 '앞으로' 또는 '이다음'이라는 말로 바꾸면 뜻이 쉽게 통합니다. 자주 쓰는 말이라도 한자어 대신 더 쉬운 우리말을 사용하면 어떨까요?

향후 대신 앞으로, 이다음

☺ 이다음 대책을 논의해야 합니다.

☺ 내일까지 각자 대책을 생각해 옵시다.

호전好轉되다 :

최근 크게 아팠던 친구에게 전화해서 몸이 괜찮아졌는지 물었습니다. 친구는 건강이 많이 호전돼서 일상생활을 하는 데 별 무리가 없다고 했습니다. 다행이었지요. '호전되다'는 이렇게 병세와 연결되거나 '사태가 호전되다'처럼 사용됩니다. 각각 '병의 증세가 나아지게 되다'와 '일의 형세가 좋은 쪽으로 바뀌게 되다'라는 뜻입니다. 호전되다 대신 '좋아지다'라고 하면 뜻이 훨씬 쉽게 드러납니다.

호전되다 대신 좋아지다

🙂 올 하반기에는 수출이 큰 폭으로 늘었다고 해요.

😆 경기가 점차 좋아지겠군요.

환매還買하다, 환매還賣하다 :

'환매하다'는 남에게 팔았던 물건을 도로 사들인다還買는 뜻과 사들인 물건을 도로 판다還賣는 뜻으로 쓰입니다. 표기는 같지만 사용하는 맥락에 따라 전혀 다른 말이 되지요. 이렇게 의미가 혼동될 수 있는 말을 사용하기보다는 '되사다', '되팔다'와 같이 뜻이 명확하게 드러나는 말을 써야 합니다. 쉬운 말을 사용하면 헷갈릴 일도 줄어듭니다.

환매하다 대신 되사다, 되팔다

- 영수 씨는 그동안 사 모은 그림들을 되팔기로 했대요.
- 수진 씨는 친구에게 팔았던 차를 되사기로 했대요.

+ 부록 - 다듬은 말 관련 정보를 찾으려면?

국립국어원의 다듬은 말 찾기

국립국어원 누리집(www.korean.go.kr) – 다듬은 말

국립국어원이 구성한 '새말 모임'에서 다듬은 말을 계속해서 발표하고 있습니다.

공공언어에 사용된 어려운 용어 제보하기

쉬운 우리말을 쓰자 누리집(www.plainkorean.kr) – 바꿔주세요

그동안 어려워서 불편했거나 문제가 있다고 생각하는 공공언어를 게시판에 올려 제보하거나 의견을 제시할 수 있습니다.

(사)국어문화원연합회의 쉬운 우리말 사전

국어문화원연합회 누리집(www.kplain.kr) – 쉬운 우리말 사전

세계의 언어 정책 알아보기

국어문화원연합회 누리집(www.kplain.kr) – 세계의 언어환경

외래어 대신
쉬운 우리말로!

초판 인쇄 2023년 7월 21일
초판 발행 2023년 7월 28일

지은이 서현정
펴낸이 정은영
편집 한미경, 박지혜
디자인 마인드윙

펴낸곳 마리북스
출판등록 제2019-000292호
주소 (04037) 서울시 마포구 양화로 59 화승리버스텔 503호
전화 02)336-0729, 0730 **팩스** 070)7610-2870
홈페이지 www.maribooks.com
Email mari@maribooks.com
인쇄 (주)신우인쇄

ISBN 979-11-89943-72-1 (03700)